铸牢中华民族
共同体意识研究丛书

杨共乐 著

不尽的江河
不断流

比较视野下的中华文明

北京师范大学出版集团
BEIJING NORMAL UNIVERSITY PUBLISHING GROUP
北京师范大学出版社

前　言

铸牢中华民族共同体意识是党和国家的中心工作之一，是"国之大者"。为贯彻落实中央民族工作会议精神，深入学习习近平总书记关于铸牢中华民族共同体意识方面的重要论述，北京师范大学出版社与北京师范大学铸牢中华民族共同体意识研究培育基地联合推出了这套"铸牢中华民族共同体意识研究丛书"。《不尽的江河不断流——比较视野下的中华文明》是这套丛书中的第一部。

要思考中华文明，就必须对文明有深刻的了解。而文明是什么，文明会不会中断，中断的文明能不能复兴，世界上有没有不中断的文明，中华文明连续不中断的原因到底是什么，这些问题都是涉及人类命运的大问题，是治国安邦者不能回避的大问题。与此同时，要学好"五观（国家观、民族观、历史观、文化观、宗教观）"也必须把文明观搞清楚，只有这样，才能回答"世界怎么了？""人类往哪儿去？"等时代之问。

近年来，笔者的研究重点之一是比较视野下的中华文明研究。2018年，已主编出版了"'一带一路'古文明书系"（6卷7册），获得学界好评。近期，华夏出版社又将出版笔者主编的"'一带一路'古文明文献萃编"（10卷）。与此同时，笔者还发表了一系列与文明有关的论文。在撰写这部著作的过程中，笔者收集了一部分自己近期发表的论文，但考虑到全书体例的统一，又对部分内容做了适当的调整和修订。这些文章主要发表在《北京师范大学学报》《陕西师范大学学报》《史学史研究》《河南师范大学学报》以及《中国民族报》上。在此特做说明。

本书的特点是以问题为导向，将相关问题置于世界的大背景下进行审视，用比较的视野，对中华文明进行重点考察，主要内容有：（1）文明与文明观；（2）世界古文明的不同归属；（3）中华文明的连续性特征；（4）中华文明对人类的重大贡献；（5）中华民族伟大复兴的重大价值；（6）世界文明新形态的开辟；（7）中华文明连续不中断的关键文化因素。

本书的主旨是立足宏观思考，立足文明的比较研究，希望从宏观思考中看清文明的发展趋势，希望从比较研究中剖析各文明的异同，阐述中华文明发展的连续性特点。因文明涉及的范围极广，所以要在这本书里把中华文明的详细内容录于笔端是有难度的。这里撰述的只能是一些脉络与大势，不求全求细。若有不当之处，敬请读者指正！

目录

第一章
文明与文明观

　　文明与文明观是国际学术界高度关注的学术问题，也是学界争论较多的热点问题之一。文明观中包含着学术，包含着价值导向，也包含着精深的政治理念。为了更好地做好比较视野下的中华文明研究，我们有必要对文明以及相关的文明观做一较为系统的梳理与研究。

一、史前文化的发展

　　英文中的文化 culture 一词，来源于拉丁文 colo。colo 为动词，有"耕种、修治、修饰"之意。culture 的前身是拉丁文 cultura。cultura 从 colo 演变而来，属于拉丁文的名词形式。罗马大文豪西塞罗首先使用了 cultura。他认为：
"哲学是心灵的教化。"①从词根上看，cultura 来自农耕，
与农业有密切的关系，其衍生意思为：凡是通过人的思想
及劳动而产生的成果，皆属于文化的范畴。

　　从历史的角度看，文化首先与人类相伴。大约在 377
万年前，能制造和使用工具的人类从动物界逐渐分离出
来。"一当人开始生产自己的生活资料的时候……人本身
就开始把自己和动物区别开来。人们生产自己的生活资
料，同时间接地生产着自己的物质生活本身。"②有了人，
就有了历史；有了人，就有了文化。文化伴随着人类的出
现而出现，并且与人类的存在相始终。人类是文化的主要
创造者。石器工具就是人类奉献给世界的最早的文化成
果。从历史上说，早在史前时代，人类就创造了有别于其
他动物的文化。现在我们能够见到的史前文化遗址几乎遍

①　M.Tullius Cicero, *Tusculan Disputations*, 2, 5, 13.
②　在马克思和恩格斯看来，区别人与动物的标准是人能制造工具、进行物质生
　　产，意识、宗教或随便别的什么都不是将人与动物区别开来的标准。参见中共
　　中央马克思恩格斯列宁斯大林著作编译局编：《马克思恩格斯选集》第 1 卷，
　　67 页，北京，人民出版社，1995。

布于亚、欧、非、美等大洲。

文明与早期人类无关，但文明又与早期人类有关。文明之所以与早期人类无关，是因为人类创造的史前文化还算不上真正意义的文明；文明之所以与早期人类有关，是因为如果没有史前文化的奠基，文明也就成了无源之水、无本之木。300余万年漫长的物质与精神文化的孕育，不但夯实了早期文明产生的基础，而且促成了物质劳动和精神劳动的最大一次分工，促进了城市与乡村的分离。马克思和恩格斯认为："城乡之间的对立是随着野蛮向文明的过渡、部落制度向国家的过渡、地域局限性向民族的过渡而开始的，它贯穿着文明的全部历史直至现在（反谷物法同盟）——随着城市的出现，必然要有行政机关、警察、赋税等等，一句话，必然要有公共的政治机构［Gemeindewesen］，从而也就必然要有一般政治。"[①] 城市是人类历史上所取得的标志性成就。城市以及随之而来的

---

① 中共中央马克思恩格斯列宁斯大林著作编译局编：《马克思恩格斯选集》第1卷，104页，北京，人民出版社，1995。

国家的出现使史前文化终于结出了新的重大果实——这就是文明。史前文化也因此焕发出新的生机。

当然，并不是所有的原生文化都能进入文明时代。从考古工作提供的材料看，世界上由原生文化转入文明时代的主要地区有：西亚的两河流域，北非的尼罗河流域，中国的长江、黄河流域，南亚的印度河流域以及中、南美洲。世界各地出现的文明既有共通之处，也有自身明显的特色。两河流域和埃及尼罗河地区的文明以金属冶炼、城市和文字的出现为标志。印度河流域的哈拉巴文明以印章图案和城市为特征。中美洲的玛雅文明以象形文字和城市为标志。南美洲的印加文明则是有城市、有金属冶炼，但没有文字的文明。近 20 年来，我国实施了国家科技攻关项目——中华文明起源与早期发展综合研究，简称"中华文明探源工程"。在 400 多位专家的积极参与下，工程取得重大突破。中国学者根据马克思和恩格斯创立的唯物史观原理，依据中国实际，提出并论证进入文明社会的三大标准，即生产发展，人口增加，出现城市；社会分工，阶层分化，出现阶级；出现王权和国家。2019 年 7 月，良渚古城遗址正式被联合国教科文组织世界遗产委员会列为"世界文化遗产"。"文明起源"上的"中国方案"获得世界承认。中华文明 5000 多年历史也就成了不争的事实。[①]

历史表明，世界上的原生文明都是在相对孤立的环境下发展起来的。各地进入文明时代的时间有先有后，但它们都有一个非常重要的特点，就是产生了脱离经济活动的少数人的社会，出现了城市。[②]

根据汤因比的研究，已知原始社会的数目有 650 多

[①] 参见王巍：《更好认识源远流长博大精深的中华文明》，载《红旗文稿》，2020（23）；王巍：《勾勒中华文明起源形成发展图景——简述中华文明探源工程的成果与意义》，载《人民日报》（海外版），2022-06-21。

[②] 1888 年，恩格斯在英文版《共产党宣言》里，对"至今一切社会的历史都是阶级斗争的历史"这句话加了一个注。恩格斯说："这是指有文字记载的全部历史。"中共中央马克思恩格斯列宁斯大林著作编译局：《马克思恩格斯选集》第 1 卷，272 页，北京，人民出版社，1995。恩格斯曾在《家庭、私有制和国家的起源》中也提到，"从铁矿石的冶炼开始，并由于拼音文字的发明及其应用于文献记录而过渡到文明时代"。中共中央马克思恩格斯列宁斯大林著作编译局编：《马克思恩格斯选集》第 4 卷，22 页，北京，人民出版社，1995。恩格斯这里说的有文字记载的历史有两点要注意，一是其有具体的指向，二是许多考古遗址在当时还没有被发掘出来。我们在学习时必须对当时的学术背景有所关注。

个，具有文明发展过程的社会有 21 个，而直接从原始社
会产生的文明只有 6 个。这 6 个文明是：古代埃及、苏美
尔、米诺斯、古代中国、玛雅和南美洲文明。[①] 其中，古
代埃及、苏美尔、米诺斯、玛雅和南美洲文明都消亡了，
唯有中华文明延续至今。中华文明是原生文明中唯一没有
中断过的文明，这应该是学界公认的结论。

二、文明的定义

一般而言，对于文明的起源地，学界意见相对一致；
但对于界定文明的标准等，则众说纷纭。

从词源上讲，英文中的"文明（civilization）"一词
源于拉丁文 civilizo，意为"开化、教化"，词根为 civis。
civis 的意思就是指城市里面的公民，与拉丁文"国家
（civitas）"有密切的关系。文明是 18 世纪法国思想家提

---

① ［英］汤因比著，曹未风等译：《历史研究》上册，58～59 页，上海，上海人
民出版社，1966。后来，汤因比又将文明社会增补到 26 个。

出来的相对于"野蛮状态"的概念。最早提出这一概念的是法国人米拉波（1715—1789）。"文明"的本质含义是：一个文雅、有教养、举止得当、具有美德的城市和社会团体。这个词后来发展为意指一种先进的社会文化发展状态，以及达到这一状态的过程。严格意义上说，文明是历史的产物。它既来自野蛮，又超越野蛮，是社会发展到较高阶段表现出来的人文观象。就词源而言，civilization 与城市有关，与城市社会有关。它比文化产生的时间要晚。这与社会发展的进程相吻合。

美国学者亨廷顿将文明界定为文化中的核心因素，其立论的依据主要是雅典人向斯巴达人的使者重新保证自己不会向波斯人出卖斯巴达人时说的一段话。这段话的原文出自西方历史学之父希罗多德。大意是：

要知道，世界上没有任何地方有那样多的黄金，有那样美好肥沃的土地足以买动我们的欢心来站到波斯人的一方面来奴役希腊。甚至如果我们愿意这样做的时候，那也

有许多许多的有力的理由使我们不能这样做。首先和最主
要的，是我们诸神的神像和神殿被烧掉和摧毁，因此我们
必须尽力为他们复仇，哪里还能够和干出了这样一些勾当
的人们缔结协定；其次是，全体希腊人在血缘和语言方面
是有亲属关系的，我们诸神的神殿和奉献牺牲的仪式是共
通的，而我们的生活习惯也是相同的，雅典人如果对上述
的一切情况表现出不诚实的态度，那是很不妥当的。①

　　在亨廷顿看来，雅典人所说的血统、语言、宗教、生
活方式是希腊人共有的东西，也是使他们区别于波斯人和
非希腊人的东西，是有道理的；但"正如雅典人所强调
的，在所有界定文明的客观因素中，最重要的通常是宗
教"②。确实，同一文明需要有血统、语言、宗教和生活方
式作为基础，但反过来说，在同一血统、语言、宗教和

---

① ［古希腊］希罗多德著，王以铸译：《历史》，620～621页，北京，商务印书
馆，1997。
② ［美］塞缪尔·亨廷顿著，周琪等译：《文明的冲突与世界秩序的重建》，25
页，北京，新华出版社，2002。

生活方式下的社会，不一定会出现共同的认同，也不一定不会发生野蛮的战争，这也是客观的事实。种族血统、语言、宗教、生活方式相同，但文明不认同或利益不一致而最后导致战争的案例在历史上比比皆是。以雅典为盟主的希腊人与以斯巴达为盟主的希腊人之间的长达 27 年的伯罗奔尼撒战争就是典型的一例。[1] 实际上，上文提到的所谓希腊人的认同，也只是说说而已。因为从严格意义上说，当时的希腊人还没有形成希腊民族。恩格斯说："菲力浦和亚历山大使希腊半岛得到政治的统一，但是希腊民族还没有就此建成。民族［Nation］只是由于罗马世界统治的衰亡才成为可能。罗马的世界统治一下子永远结束了小的联盟；军事暴力、罗马的诉讼程序、税收机构彻底瓦解了传统的内部组织。"[2] 没有民族支撑的认同显然是不可靠的，而以此作为文明的标准也是难以成立的。

---

[1] 埃里克·霍布斯鲍姆认为，希罗多德所言的"族群特性"和近代的民族根本没有任何历史关联，与民族国家的建立更没有关系。参见［英］埃里克·霍布斯鲍姆著，李金梅译：《民族与民族主义》，105页，上海，上海人民出版社，2020。

[2] 中共中央马克思恩格斯列宁斯大林著作编译局编：《马克思恩格斯选集》第4卷，473页，北京，人民出版社，1995。

　　近年来，有学者以希腊语未断为主要缘由，来说明古代希腊文明的连续性。其实，这也是有悖事实、没有科学依据的说法。历史表明，早在迈锡尼时代希腊语就已经存在，但问题是迈锡尼文明早已灭亡了。它与后起的以雅典、斯巴达等为代表的巴尔干地区的文明没有直接的联系。[①] 公元前 338 年，巴尔干地区被马其顿征服；公元前 2 世纪中叶，马其顿又为罗马彻底征服。巴尔干地区虽然还讲着希腊语，但原先各邦独立的主体文明早已不在。[②] 这说明只用文化的个别因素来论证古代希腊文明的连续

① 　汤因比对此曾有过清晰的说明。他说："希腊语与希腊文明也并非同时期或者共存的。今天，当希腊文明已经消亡了1300年之后，希腊语依旧是一门活语言，而它作为一门活语言，在希腊文明出现之前就已经存在了无数个世纪。"［英］阿诺德·汤因比著，乔戈译：《希腊精神——一部文明史》，6页，北京，商务印书馆，2015。西方文明的出现通常被溯源至公元700—800年。［美］塞缪尔·亨廷顿著，周琪等译：《文明的冲突与世界秩序的重建》，30页，北京，新华出版社，2002。
② 　英国科技史家李约瑟说得更清楚。他说："就历史意义而言，古希腊和罗马帝国的文明和语言早已死亡。"［英］李约瑟著，张卜天译：《文明的滴定》，44页，北京，商务印书馆，2016。

存在也是有问题的。①

斯宾格勒通过文化形态学研究得出结论，即罗马人是希腊人的后继者。希腊的心灵，罗马的才智，"这一对照就是文化与文明的区别素"。公元前4世纪希腊文化才完成了向罗马文明的过渡。斯宾格勒自己阐述形成这一结论的主要依据是：文明是文化的归属，是一种发展了的人类所能做到的最表面和最人为的状态，是一个由形成到成熟的结局。②这种解释既缺乏事实依据，也不符合历史逻辑。罗马诗人贺拉斯确实讲过："被征服的希腊征服了野蛮的征服者，把艺术带到了粗鲁的拉丁姆。"③但贺拉斯讲的只是艺术，而不是指整体的文明。更何况，从事实上

① 其实，认为希腊文明已经中断的西方学者和著作很多。如［英］阿诺德·汤因比著，王毅译：《文明经受考验》，45页，上海，上海人民出版社，2016；［美］塞缪尔·亨廷顿著，周琪等译：《文明的冲突与世界秩序的重建》，34页，北京，新华出版社，2002；［英］阿诺德·汤因比著，乔戈译：《希腊精神——一部文明史》，5~6、183页，北京，商务印书馆，2015；［英］李约瑟著，张卜天译：《文明的滴定》，44页，北京，商务印书馆，2016。
② 参见［德］奥斯瓦尔德·斯宾格勒著，齐世荣等译：《西方的没落》上册，54~55页，北京，商务印书馆，1963。
③ Horace, *Epistles*, 2, 1, 156, Cambridge, MA: Harvard University Press, 1942, p.409.

说，被罗马征服的并不只有希腊半岛的希腊人，此处还有许多其他地区的民族，如埃及人、迦太基人和叙利亚人等。尤维纳尔也有言："叙利亚的奥朗特河（Orontes）之河水早已流进了第伯河（Tiber），随之而来的是那里的风俗世情、长笛和倾斜的竖琴，还有当地的手鼓和在竞技场内进行交易的暗娼。"① 斯宾格勒只看到希腊人，没有看到埃及人、叙利亚人等，显然是不对的，最起码也是不够全面的。

　　恩格斯是用唯物史观来研究文明的具有划时代意义的学术大师。他把文明置于文明时代之中进行考察，认为："文明时代是社会发展的这样一个阶段，在这个阶段上，分工，由分工而产生的个人之间的交换，以及把这两者结合起来的商品生产，得到了充分的发展，完全改变了先前的整个社会。"② 而文明时代"完成了古代氏族社会

---

① Juvenal, *Satire*, 3, 60–62. *Juvenal and Persins*, New York: G.P.Putnam's Sons, 1928, p.36.
② 中共中央马克思恩格斯列宁斯大林著作编译局编：《马克思恩格斯选集》第4卷，174页，北京，人民出版社，1995。

完全做不到的事情”①。

与此同时，恩格斯还根据欧洲社会的历史材料总结出文明时代前期经济上的特征，这些特征包括：“（1）出现了金属货币，从而出现了货币资本、利息和高利贷；（2）出现了作为生产者之间的中间阶级的商人；（3）出现了土地私有制和抵押；（4）出现了作为占统治地位的生产形式的奴隶劳动。”② 这些特征对于人们认识早期欧洲乃至早期人类文明的经济根源意义重大。

在恩格斯看来，随着文明时代的发展，社会第一次分裂为剥削阶级和被剥削阶级。“这种分裂继续存在于整个文明期。奴隶制是古希腊罗马时代世界所固有的第一个剥削形式；继之而来的是中世纪的农奴制和近代的雇佣劳动制。这就是文明时代的三大时期所特有的三大奴役形式。”③

① 中共中央马克思恩格斯列宁斯大林著作编译局编：《马克思恩格斯选集》第 4 卷，177 页，北京，人民出版社，1995。
② 中共中央马克思恩格斯列宁斯大林著作编译局编：《马克思恩格斯选集》第 4 卷，176 页，北京，人民出版社，1995。
③ 中共中央马克思恩格斯列宁斯大林著作编译局编：《马克思恩格斯选集》第 4 卷，176 页，北京，人民出版社，1995。

"由于文明时代的基础是一个阶级对另一个阶级的剥削，所以它的全部发展都是在经常的矛盾中进行的。"[①]三大奴役形式的揭示有利于人们更好地理解阶级社会的本质。

众所周知，国家的出现是文明时代到来的重要标志。由原始社会发展而来的国家，是阶级矛盾不可调和的产物。恩格斯说："社会创立一个机关来保护自己的共同利益，免遭内部和外部的侵犯。这种机关就是国家政权。"[②]恩格斯强调："国家是文明社会的概括，它在一切典型的时期毫无例外地都是统治阶级的国家，并且在一切场合在本质上都是镇压被压迫被剥削阶级的机器。"[③]国家最重要的两大特征，一是以地区而不是以血缘来划分它的国民，

① 中共中央马克思恩格斯列宁斯大林著作编译局编：《马克思恩格斯选集》第4卷，177页，北京，人民出版社，1995。
② 恩格斯：《路德维希·费尔巴哈和德国古典哲学的终结》，45页，北京，人民出版社，1997。
③ 中共中央马克思恩格斯列宁斯大林著作编译局编：《马克思恩格斯选集》第4卷，176页，北京，人民出版社，1995。

二是凌驾于所有居民之上的"公共权力的设立"。这显然是对野蛮时代的一种彻底否定。国家随着文明时代的到来而到来，又随着文明社会的发展而发展。国家在物质文明、政治文明、制度文明等的建设方面起着十分重要的作用。同时，现存的物质文明、政治文明、制度文明又对国家的发展起着促进或限定的作用。国家既是政治实体，也是文明的果实。

根据唯物主义的基本原理和相关的历史事实，我们认为，文明是一个历史范畴。它不是从来就有的，而是人类社会发展到一定阶段的产物。文明与文化既有联系，又有明显的区别。这些区别主要表现在，就时间上说，文化早于文明，进入阶级社会以后，又与文明共存。就内涵而言，文明的范围比文化更广阔。文化是文明的重要基础和底色，但文明立足的基础更宽广，包含的因素更丰富，有人口、经济、社会、技术、政治、道德、思想、艺术等。就成果而言，文明的成果既包括人类在文化上的成就，也包括人类在文化以外的其他成就，如政治上的成就、经济上的成就以及社会建设上的成就等。就性质而言，文明是对蒙昧与野蛮的克服与否定，代表和反映的是社会的进步与发展。文明有规范文化行为、引领文化发展的特征。

总之，作为整体的文明，以社会的进步价值形式而存在，内含众多不同类型的文化。文化有丰富文明内涵之贡献，而文明则有决定文化性质及其发展方向之作用。

不同地区的文明，因其属性不同，创造的相关成果也各不相同。以古代文明为例：

两河流域文明的成果主要表现为：城邦治理、泥版文书、法典、学校以及帝国的实践等。

埃及文明的成果主要表现为：国家治理、象形文字、金字塔、灌溉农业等。

印度河流域文明的成果主要表现为：印章文字和城市建筑等。

巴尔干文明的成果主要表现为：城邦、海运经济、希腊文、历史创作等。

罗马文明的成果主要表现为：共和制、拉丁文、大竞技场、罗马法、地中海帝国的一统等。

中国文明的成果则更多,主要表现为:政治上的大一统、统一多民族国家的治理,人才选拔制度上的科举制,科技上的四大发明,文化上建立的自律和自强体系等。

人类创造了文明,创造了文明成果,而文明成果又反过来服务人类。无论是物质的还是精神的,无论是政治的还是社会的,文明成果对人类的影响力一般都很大。[①] 近代以后,随着科学技术的发展,这种文明的影响力则更为明显。

与其他事物一样,文明也有自身发展的规律。有时它与相关国家的发展好坏同步,有时它又与相关国家的发展相偏离。文明与政权也不一定同步,有的政权亡了,但文明照在。这样的例子在历史上俯拾皆是。

从历史上看,一个文明可以和一个国家重合,也可以在空间上超越一个国家。一个文明可以包括国家的一种类

---

① 因为各文明区域所创造的成果可以通过交流在短期内为人类所共享,而无须重新发现。参见马克垚主编:《世界文明史》上册,15 页,北京,北京大学出版社,2004。

型，也可以囊括国家的多种类型。这些类型包括：城市国家、帝国、民族国家、多民族国家、联邦国家等。不同的民族、不同的历史与习俗，孕育了不同的文明，而不同的文明又为人类的进步提供了不竭的动力。

迄今为止，世界上的文明不是单一的，而是多元的。多样是人类文明的基础，正因为多样才有交流互鉴的价值；平等是人类文明的基石，正因为平等才有交流互鉴的前提；包容是人类文明的本色，正因为包容才有交流互鉴的动力。文明因多样而交流，因交流而互鉴，因互鉴而发展。[①] 这是文明成长和发展的必由之路。

三、不同的文明观

文明观是人们对文明的看法，显然要晚于文明的出现，大致产生于启蒙时期。文明观虽然产生得较晚，但它

---

① 参见习近平：《习近平谈治国理政》，258～259 页，北京，外文出版社，2014。

对人类的影响很大。这种影响通过以文明观为价值导向的文明史加以阐发与传播。因此，了解不同时期的文明观对于认识世界的发展历程极其重要。

历史研究表明，最早对文明和文明观进行研究并用相关文明观撰写作品的是西方学者。1500 年以后，西方逐步走出黑暗的中世纪。在往后的四百多年间，英国、法国、西班牙、奥地利、德国、意大利和美国等纷纷形成民族国家，并一直在世界事务中发挥重要影响。[①] 黑格尔认为，民族国家的建立本身就是文明进步的标志；民族国家是现代政治的独特成就，是民族意志和命运的精神体现。[②] 很显然，近代民族国家也是学者研究的重点。正如汤因比所言："在最近几百年里，尤其是在最近几个世代里，很想

[①]　参见［美］塞缪尔·亨廷顿著，周琪等译：《文明的冲突与世界秩序的重建》，5 页，北京，新华出版社，2002；［英］阿诺德·汤因比著，刘北成、郭小凌译：《历史研究》（修订插图本），10～11 页，上海，上海人民出版社，2000。

[②]　George H.Sabine, *A History of Political Theory*, Third Edition, New York: Holt, Rinehart and Winston, 1961, p.635.

自给自足的民族主权国家的发展引使历史学家们选择了国家作为研究历史的一般范围。"① 但随着研究的不断展开，学者们也发现，欧洲的民族国家具有时间短、外部影响紧密、研究难度大等特点，几乎所有的欧洲民族或民族国家都有一个特点："没有一个民族或民族国家能够说明它自己的问题。"② 于是有一批学者又把学术的重点投到了文明及文明史的研究上。汤因比就是他们中的典型。

汤因比认为，文明立足于比民族国家或城邦以及任何其他政治社团的范围更大的社会。学者可以从他们所处的时代和他们自己国家的立场出发，通过时间上向前延伸，空间上向外扩展，来界定这一领域的范围。而民族国家、城市国家及诸如此类的单位不仅在空间的扩展和时间的上溯方面非常有限，而且它们只是整体当中的局部。即使像大不列颠这样的民族国家或雅典式的城市国家，虽然从自

① ［英］汤因比著，曹未风等译：《历史研究》上册，1页，上海，上海人民出版社，1966。
② ［英］汤因比著，曹未风等译：《历史研究》上册，1页，上海，上海人民出版社，1966。

成一体的意义上说是独立实体，是可认识的历史研究领域，但它们还是不能脱离欧洲整体。

在汤因比看来，一个社会的历史和另一个社会的历史之间的连续性，比起任何单一社会内部不同阶段之间的连续性，其严密程度要小得多。然而在时间关系方面，处于不同时代的两个特定社会如西方社会和希腊社会之间，我们却能够观察到连续的特征。我们可以将这种连续关系喻为"血缘"关系。[①]

汤因比将希腊社会和西方社会喻为"血缘"关系的理由虽然有些牵强，但前面对文明史研究合理性的论述还是很有见地的。

如果说汤因比的文明观主要涉及文明内部结构构建的话，那么亨廷顿则把文明视为存在的实体，并将其引到国际关系领域，形成了以文明冲突为中心的文明观。

早在19世纪20年代，西方学者就已经把"文明"用

---

① ［英］阿诺德·汤因比著，刘北成、郭小凌译:《历史研究》（修订插图本），17～18页，上海，上海人民出版社，2000。

于世界上的其他民族与社会。复数的"文明（civilizations）"
开始出现并逐渐应用于学术研究领域。欧洲文明优越论和
欧洲中心主义一时甚嚣尘上。欧洲的文明标准成了评判其
他地区文明的重要准则。法国历史学家基佐的《欧洲文明
史》（1828）就是典型的代表。

　　20世纪上半叶，两次世界大战粉碎了欧洲文明优越
论的神话。文明形态学开始出现，斯宾格勒和汤因比就是
主张这一学说并将其付诸实践的著名学者。他们通过文明
的比较得出结论，认为各种文明具有同等的价值，没有高
低优劣之分。① 他们提出的价值同等的文明观，显然是对
19世纪以基佐等为代表的坚守欧洲中心主义、坚持"欧
洲民族优于其他民族"的欧洲优越论文明观的一种批判和
否定。

　　20世纪60年代，随着人类交往能力和交往技术的不
断提高，人类之间交流互动的网络体系日益完善，全球间

────────────

① 　参见马克垚主编：《世界文明史》上册，5页，北京，北京大学出版社，2004。

的相互联系变得更为紧密，交流互动的文明观越来越受到学界的重视。麦克尼尔的《西方的兴起——人类共同体史》（1963）就是立足于交流互动这一文明观而撰写的学术名作，在学界有很大的影响。

1991年12月，苏联解体，世界格局发生重大变化。这一年显然是人类历史上极具转折性的一年。有人甚至把这一年定格为历史的"终结"之年。苏联的解体使西方人认为自己的文明处于空前的统治地位。1993年夏，美国《外交》季刊发表了美国学者亨廷顿的一篇文章，题目是《文明的冲突?》。这篇文章一经刊发，立即引起学界和政界的强烈反响。①"文明"以及"文明冲突"论也就成了学者和政治家们关注的热点。三年后，亨廷顿又在这篇论文的基础上，出版了《文明的冲突与世界秩序的重建》（1996）一书。在亨廷顿看来，文明是人的最高的文化归属，是人必不可少的文化认同的最大层面，是人区别于其

---

① 据《外交》季刊的编辑讲，这篇文章在三年内所引起的争论，超过他们50多年来所发表的任何一篇文章。

他动物的根本。^①在亨廷顿看来，"冷战"结束以后，历史不是终结了，而是又有了新的内涵。此后的世界格局主要由中华文明、印度文明、日本文明、西方文明、伊斯兰文明、东正教文明、拉美文明和非洲文明来决定。主宰全球的不是意识形态，而是"文明的冲突"。亨廷顿设定的以"文明冲突"为中心的文明观一下子就把"文明"从学术术语变成了政治术语。

21 世纪以来，中国学者立足中国视角，平等看待历史上或当下的文明，以中国人的文明观研究文明，撰写著作，取得了很好的成绩。

马克垚主编的《世界文明史》（2004），共 3 卷，从经济基础入手，立足生产力的发展，按历史发展的顺序将人类的文明演变历程划分为农业文明时代、工业文明的兴起、工业文明在全球的扩展三个阶段，把文明分为物质文明与精神文明两大类，充分论述了世界上不同文明的变与

① ［美］塞缪尔·亨廷顿著，周琪等译：《文明的冲突与世界秩序的重建》，417 页，北京，新华出版社，2002。

不变，辩证地论证了文明与政治实体、文明与文化之间的关系，阐明了文明间的交流互动是推进人类文明进步的重要动力。

袁行霈等主编的《中华文明史》（2006），共 4 卷，将文明置于人类的创造和演进过程之中，探索了对文明起关键作用的各种因素，揭示了文明发展的规律和历史经验。从物质文明、政治文明和精神文明三个层面系统论述了中华民族的创造力，探究了中华文明生生不息的动因，阐析了中华文明在世界文明进程中的作用及在人类文明发展史上的地位。

笔者主编的"'一带一路'古文明书系"（2019），共 6 卷 7 册，以"一带一路"所行经且在历史上有重要影响的古文明为考察对象，以中西文明比较为研究特色，置比较研究于具体的叙事之中，既关注宏观的理论思考，又注重具体问题的实证性研究，用中国人特有的视角审视世界文明的源头，探究人类文明的发展路径及辉煌成就，论证中华文明是世界上唯一不中断的原生文明。

　　应该说，近年来，国内学术界研究文明的著作很多，尤其是关于中华文明起源方面的作品出版得更多。这些作品都非常值得学界重视。从已出版的涉及文明研究的国内作品来看，中国学者所采用的基本上是唯物史观指导下的文明观，主张文明的多样性与平等性原则。

　　进入新时代以来，习近平主席以政治家的视野和理论家的睿智，多次阐明以"平等、互鉴、对话、包容"为核心的世界文明观。[①]他认为："每种文明都有其独特魅力和深厚底蕴，都是人类的精神瑰宝。""人类文明多样性是世界的基本特征，也是人类进步的源泉。""文明没有高下、优劣之分，只有特色、地域之别。文明差异不应该成为世界冲突的根源，而应该成为人类文明进步的动力。"[②]他强调："我们要树立你中有我、我中有你的命运共同体意识，跳出小圈子和零和博弈思维，树立大家庭和合作共

① 参见《国家主席习近平同意大利总统马塔雷拉分别向"意大利之源——古罗马文明展"开幕式致贺信》，载《人民日报》，2022-07-11。

② 习近平：《习近平谈治国理政》第 2 卷，543～544 页，北京，外文出版社，2017。

赢理念，摒弃意识形态争论，跨越文明冲突陷阱，相互尊重各国自主选择的发展道路和模式，让世界多样性成为人类社会进步的不竭动力、人类文明多姿多彩的天然形态。"[1]"以文明交流超越文明隔阂，以文明互鉴超越文明冲突，以文明共存超越文明优越，推动构建人类命运共同体。"[2]他坚持用文明的交流对话来推动文明的和谐共生、世界的和平发展，主张："世界万物万事总是千差万别、异彩纷呈的，如果万物万事都清一色了，事物的发展、世界的进步也就停止了。每一个国家和民族的文明都扎根于本国本民族的土壤之中，都有自己的本色、长处、优点。我们应该维护各国各民族文明多样性，加强相互交流、相互学习、相互借鉴，而不应该相互隔膜、相互排斥、相互取代，这样世界文明之园才能万紫千红、生机盎然。"[3]

[1] 习近平：《在第七十五届联合国大会一般性辩论上的讲话》，见《习近平在联合国成立 75 周年系列高级别会议上的讲话》，9 页，北京，人民出版社，2020。
[2] 《国家主席习近平同意大利总统马塔雷拉分别向"意大利之源——古罗马文明展"开幕式致贺信》，载《人民日报》，2022-07-11。
[3] 习近平：《在纪念孔子诞辰 2565 周年国际学术研讨会暨国际儒学联合会第五届会员大会开幕会上的讲话》，8 页，北京，人民出版社，2014。

习近平主席对文明的论述既来源于马克思主义原理与具体实践的结合，又来源于马克思主义原理与中华优秀传统文化的结合，是对马克思主义理论的创造性发展，是马克思主义文明观的最新成果。

文明是人们对客观世界的改造，是人类劳动和智慧的结晶。从世界历史上看，不同时期的学者、不同阶层的学者对文明会有不同的看法。正确、科学地把握文明观，不但有助于人们更好地认识人类文明的发展规律，认识中华文明的伟大价值，认识中华文明对世界的重大贡献，而且对于促进世界文明的进步、推动世界的和平发展都有非常重要的意义。

第二章
世界古文明的不同归属

〰〰〰〰〰〰〰〰〰〰〰〰〰〰〰〰〰〰〰〰〰〰〰〰〰〰〰〰〰

习近平总书记说："文化自信，是更基础、更广泛、更深厚的自信。在 5000 多年文明发展中孕育的中华优秀传统文化，在党和人民伟大斗争中孕育的革命文化和社会主义先进文化，积淀着中华民族最深层的精神追求，代表着中华民族独特的精神标识。"[①] 把握文化自信对于我们坚定道路自信、理论自信、制度自信意义重大。而要把握文化自信，又必须把一系列重大问题从学理上讲明白、说清楚。比如，拥有 5000 多年历史的中华文明是如何孕育中华优秀传统文化的？中华文明连续不中断的原因在哪里？

〰〰〰〰〰〰〰〰〰〰〰〰〰〰〰〰〰〰〰〰〰

① 习近平：《在庆祝中国共产党成立 95 周年大会上的讲话》，载《人民日报》，2016-07-02。

中华优秀传统文化当中，哪一些让我们自信，不但为中国人独有，影响了我们几千年，而且对世界还起着引领的作用？可以说，这些问题都是涉及中国乃至人类命运的大问题。这里我们就从世界古文明的发展脉络和去向等方面来阐述中华文明的历史地位。

一、中华文明以外的文明

（一）古代两河流域文明

文明与国家同步产生，是阶级社会的产物。从历史上看，最早迎来文明曙光的是西亚的两河流域（幼发拉底河和底格里斯河）。最早创造文明的是苏美尔人。他们大约于公元前 3500 年进入了文明社会，迄今已有 5500 余年文明的历史。

人类文明最早出现于两河流域，这与人类在这里最早经历农业革命有关。根据考古发现，在两河流域的北部地区，有许多野生大麦和野生小麦。大约在 10000 年前，西亚的两河流域进入了新石器时代。考古学家告诉我们，最初的农业并不是出现在平原上，而是产生于西亚"肥沃的新月地带"的边缘，年降水量 300 毫米线以北的山坡上。①这里生长着大量的野生大麦和野生小麦，是最早将野生大麦和野生小麦驯化为原始农业的地区，被誉为世界上最早的农业革命发生地。后来，随着人类生产力的提高和水利灌溉技术的发展，大麦和小麦等农业作物才被不断地从山坡移至两河流域的冲积平原加以种植。

农业的出现使人类结束了游牧状态，过上了较为稳定的定居生活。农业的出现提高了人类在自然界中的地位，扩大了人的活动范围，促进了人类生活和生产方式的变

---

① 考古学者对冰河后最初近千年伊朗高原以西若干发现家畜和种植作物的早期中心地进行了研究，得出的结论是："总而言之，这些最早的发展是在近东中东高地发生，而在低地平原则出现较晚，因而排除了以美索不达米亚和埃及作为文明发祥地的旧说。"（《剑桥古代史》第1卷第1分册，251页，1970，转引自《世界上古史纲》编写组：《世界上古史纲》上册，10页，北京，人民出版社，1979。）因为到河流流域发展需要更发达的人工灌溉。

化，大大提升了人类改造自然的能力。可以说，农业革命解放了人的生产力，改变了人的生存环境，使人类逐渐走出了野蛮。正是在农业革命的推动下，两河流域率先迎来了文明。

两河流域的苏美尔文明属于城市文明。当时，著名的苏美尔城市有乌尔、乌鲁克、基什等。各城市间，和平与战争并存。

约公元前2371年，苏美尔城邦为北方的阿卡德王国所灭；约公元前2230年，阿卡德王朝又被库提人推翻；公元前2006年左右，阿卡德人和苏美尔人建立的乌尔第三王朝又为其他的民族所灭。这时，在两河流域出现了人们经常所说的四大文明古国当中的古巴比伦王国。约公元前1595年，古巴比伦文明最后被赫梯人所灭。赫梯人退去后，巴比伦又先后建立了几个王朝。随后，亚述帝国统一两河流域。约公元前626年，新巴比伦王国建立。不久，新巴比伦王国又灭掉了亚述帝国。公元前538年，新巴比伦王国为波斯人所灭。

在两河流域文明的发展中，王朝更替是常态。新王朝的替代者都是来自两河旁边山地中的民族，因为平原地区所生产出来的农业产品丰厚，生活于贫瘠山区的居民，就不断地往平原地区移民扩张。不过，两河流域王朝的不断变更，并没有影响文明的延绵发展。城市的创制，法制在社会生活中发挥作用，泥版文书的发明与推广，先进农耕文化的培育与商品货币关系的维系等，都是两河流域文明的重要成果，在世界文明史上具有十分重要的地位。

自古以来，两河流域都是兵家必争之地，也是世界上先进武器和先进军事组织形式的试验地。两河文明的一个重要特点，是王朝大多为两河旁边的邻族所建，推翻王朝的手段是战争和武力。

公元前330年，当地的波斯帝国为外来的亚历山大帝国所替代，两河流域的政治文明中断，楔形文字逐步为希腊文所替代。公元75年，楔形文字被彻底遗忘。这样，作为两河流域文明主体的政治力量变了，文字没

了，传统的宗教消失了；这一在世界上最早出现的文明
也就消亡了。

（二）古埃及文明

古埃及文明出现在公元前 3500 年左右，与两河流域
的文明差不多发生于同一时间段。古埃及文明出现于尼罗
河两岸地区，沿着尼罗河两岸成长发展。这个文明比两河
流域文明平稳安定，因为这个地方东边是红海，北部是地
中海，西部是沙漠，所以相对来讲是一个独立的整体，外
来民族进入埃及的概率较小。大约有 3000 年的时间，埃
及人自己管理国家，自己管理自己。

尼罗河是埃及的母亲河，也是埃及的幸福河。与两
河、黄河和印度河等相比，尼罗河对农业生产更为有利，
因为尼罗河河水的流动是有较强规律性的，而且与农业
生产相向而行。每年 7 月至 10 月属于尼罗河的泛滥期，
河水淹没两岸旁边的土地；11 月至次年 2 月属于尼罗河

的退水期，河水退去，留下肥沃的河泥。古埃及农民开始把种子撒在黑土地里；3月至6月，农民迎来农作物的收割季。这样年复一年，循环往复。尼罗河河水泛滥对农业生产影响不大，它与农耕的季节先后连接，互不相害。①公元前5世纪，著名历史学家希罗多德访问埃及。希罗多德为哈利卡纳苏斯人。哈利卡纳苏斯位于波斯帝国治下的卡里亚地区。这里既没有大河，也缺乏其他水源，人们过着"靠天吃饭"的生活。希罗多德来到埃及，见到尼罗河，情不自禁地发出了"埃及是尼罗河的恩赐"这样的感慨。这显然不是希罗多德故意雕琢的结果，而纯粹是一种情感的自然流露，是生活于干旱地区、深受饥饿之苦的学者看到尼罗河流域优越的农耕条件后发出的发自内心的感慨，既有羡慕埃及人的一面，又有赞美埃及自然环境优越的一面。

后来，因为西亚地区出现战车、战马等可用作长距离

---

① 古埃及人称自己的国家是"克密特"，也就是"黑土地"之意。

作战的工具，埃及一度为喜克索斯人等外来民族所入侵。
公元前674年，外族亚述人攻入埃及。不久，亚述人又被
埃及人击退。

公元前525年，波斯占领埃及。波斯人的入侵对古埃
及文明造成的影响是致命的。它标志着古埃及作为独立国
家历史的结束。为什么这么说呢？因为虽然埃及人的生活
状态还在，但是交税的对象已经发生了变化，埃及已经变
成了波斯帝国的一个行省。它的独立主体地位已经丧失。
公元前332年，马其顿国王亚历山大入侵埃及。不久，他
的部下托勒密在埃及建立了托勒密王朝。

公元前48年，罗马将军凯撒进军埃及。公元前30
年，凯撒的继子屋大维来到埃及。克里奥帕特拉——埃及
托勒密王朝最后一位女王自杀，埃及成为罗马帝国的一
个行省。中古以后，埃及又为别的民族所征服。现在的埃
及跟古代的埃及相差很大，实际上没有任何关系。随着古
埃及政治主体的变化，埃及的宗教也随之发生巨变。原来
埃及有自己的信仰和宗教，后来波斯人来了，马其顿人来

了，罗马人来了，古埃及的宗教逐渐被边缘化。宗教的变化对古代埃及文明的影响巨大。因为真正掌握文字的、有书写能力的人，不是祭司就是国王身边的书吏。他们人数很少，但却是古代埃及文明的主要传承力量。而这支力量又因为政治主体的变换和传统宗教统治地位的消失而逐渐消失了。原来有权的书吏不见了，实力雄厚的神庙没人去了，埃及祭司也就失去了存在的空间。埃及的象形文字逐渐被遗忘，古埃及文明已经彻底中断。

经过3000年的发展，古代埃及虽然没有把文明延续下去，但它所创造的文明还是非常辉煌的。无论是金字塔的建造，还是神庙的修建，无论是农业灌溉技术的发明与推广，还是木乃伊的制作，都是了不起的成就。即使今天，人们仍赞叹古埃及人所创造的灿烂文明，并为之感到惊讶。

（三）古印度文明及其他文明

古印度文明发源于印度河流域。公元前2500年左右，古印度河地区也出现了文明。古印度文明的特点是城市文明发达。城市的建筑居世界之首，超过了同期的两河流域、古埃及和中国这三大文明。大约在公元前1750年，古印度文明被毁灭。被谁摧毁的？答案至今还不为人们所知。城市都变成了遗址，古印度文明也随之中断。

除了两河流域文明、古埃及文明以及古印度河流域文明以外，被中断的还有克里特－迈锡尼文明、古希腊和罗马的文明。

克里特－迈锡尼文明，又称爱琴文明，最早起源于克里特岛，属于青铜文明。公元前1700—前1400年，克里特文明发展至全盛时期，以宫殿建筑华美著称。但经过三个世纪的发展后，这一文明突然消失。爱琴文明的中心转入希腊半岛的迈锡尼。克里特－迈锡尼文明有城堡、宫室建筑、绘画艺术，也有自己的文字。公元前12世纪左右，迈锡尼文明逐渐衰亡。希腊半岛退入所谓"黑暗时期"。

古希腊人的文明出现的时间较晚，大约产生于公元前8世纪，为铁器文明。创造古希腊文明的有外来的多利亚人、爱奥尼亚人、埃奥利亚人以及原始居民皮拉斯基人等。这个文明与其他四大原生文明有明显的不同。古希腊的文明属于城邦文明，也就是小国文明，不是大一统、大帝国型的文明。

城邦文明的特点是小国寡民。列宁说："当时无论是社会或国家都比现在小得多，交通极不发达，没有现代的交通工具。当时山河海洋所造成的障碍比现在大得多，所以国家是在比现在狭小得多的疆域内形成起来的。技术薄弱的国家机构只能为一个版图较小、活动范围较小的国家服务。"[1] 这完全符合希腊半岛早期国家的情况。

公民集体是古希腊城邦的核心。城邦首先是一个公民共同体。城邦追求的是公民间的集体主义。公民只有置身于城邦，为城邦而战，才能真正实现其价值。城邦普遍实行公民兵制度。公民、小土地所有者和公民兵三位一体是城邦的本质特征。参与城邦公共事务是公民的权利和

---

[1] 中共中央马克思恩格斯列宁斯大林著作编译局编：《列宁选集》第 4 卷，31～32 页，北京，人民出版社，1995。

职责。在雅典人看来，不参与公共事务的公民是无用的公民，男人的美德就是参与城邦事务的管理。[①]

城邦优于家庭的地方就在于能够自给自足。这种自给自足既体现在城邦的自保上，也体现在城邦的内部管理上；既反映在现实的政治里，也反映于公民自身的婚姻和日常生活里。家庭里无法自足的事，城邦内基本上能够满足。

古希腊人的众多城邦中，著名的有雅典和斯巴达。公元前4世纪中叶，希腊半岛北部的马其顿力量逐渐强大起来。公元前338年，希腊人的城邦为马其顿所败，失去了独立地位。公元前149年，马其顿成为罗马的行省。公元前146年，希腊半岛极大部分地区进入罗马的行省体

[①]　［古希腊］普鲁塔克：《梭伦传》，20。参见普鲁塔克著，陆永庭、吴彭鹏等译：《希腊罗马名人传》上册，187页，北京，商务印书馆，1990。［古希腊］修昔底德：《伯罗奔尼撒战争史》，2, 40。参见修昔底德著，谢德风译：《伯罗奔尼撒战争史》，132页，北京，商务印书馆，1960。［古希腊］柏拉图：《美诺篇》，71。参见柏拉图著，王晓朝译：《柏拉图全集》第1卷，492页，北京，人民出版社，2002。

制。① 马其顿、古希腊人的城邦彻底地失去了政治上的独立，政治文明中断了。但古希腊的文字还照样延续。当然，这个希腊文已经变成了没有自身政治主体作为依托的希腊文了。原来总有学者认为，罗马人是古希腊文明的继承者；其实不是，这是一个伪问题。

罗马文明创建于公元前 6 世纪，属于铁器时代的文明，存在了一千余年的时间，但是它的影响力非常久远。创造罗马文明的主体民族是拉丁人。根据传说，他们来自特洛伊，是特洛伊人的后裔。从现有的文献和考古材料看，罗马文明并不是本地的原生文明，而是属于次生性文明。

罗马于公元前 753 年建城，最初的人数很少，属于军事民主制时代。当塞尔维乌斯成为王以后，罗马实行改革，设立公共权力，以财产的多少划分公民等级，并以此规定他们的权利与义务，从而完成了由氏族社会向国家的

---

① 至奥古斯都时期，罗马在这里正式设立阿卡亚行省。

过渡。此后，经过 500 余年的奋斗，罗马不但征服了意大利、迦太基、马其顿等国家，而且征服了高卢、叙利亚、埃及等地区，成了地中海世界的主角，改变了地中海沿岸几乎所有地区历史发展的方向，使地中海变成了"罗马人的海"。一个以地中海为内湖连接欧、亚、非三洲的大帝国，第一次出现于地球的西半部。这个大帝国囊括两河文明区、埃及文明区以及迦太基、马其顿等多个文明区。最盛时期，罗马的人口达到 5400 万～ 6000 万，是当时世界上最强大的两个国家之一。

罗马文明的特点是以强大帝国为依托来进行政治、物质和社会建设。任何强大的文明都必须依赖于强大的实体，强大的实体是强大文明的基础。罗马文明依赖的强大实体就是领土广袤的大帝国。罗马帝国建立和巩固的条件固然很多，但一个重要条件是有适时开放公民权的政策。公民权的开放政策是罗马区别于古代雅典、斯巴达的关键。在雅典，享有公民权的只有出生于雅典境内且双亲都是雅典人的人。外邦人很难成为雅典公民。斯巴达人则始终不允许外邦人进入斯巴达公民集体，不允许公民与外邦人通婚，不给予外邦人公民资格。[1] 其结果是，雅典的公民一直保持在 2 万至 4.2 万之间。[2] 斯巴达人从未超过 9000 家，而且人数越来越少。人力资源有限且呈迅速枯竭之势。[3] 对此，罗马元首克劳狄看得非常清楚。他说："拉西第梦人（即斯巴达人）和雅典人，虽然拥有强大的武力，但终究难免走上灭亡的命运。主要是因为他们老是实施把被征服者当成外人的政策。不过，我们自己的立国者罗慕鲁斯却非常贤明。他数次竟然在一天之内战胜一个民族并

---

① 公元前 451 年，由于公民人数大量增加，雅典又通过了伯里克利所提议的法令，规定享有公民权利的人仅以父母双方均为雅典人为限。［古希腊］亚里士多德：《雅典政制》，26。参见亚里士多德著，日知、力野译：《雅典政制》，31 页，北京，商务印书馆，1959。

② 在雅典，公民 2.1 万人，异邦人 1 万人，奴隶 40 万人。Athenaeus, *The Deipnosophists*, 6.

③ ［古希腊］普鲁塔克：《埃杰斯传》，5。参见 Plutarch, *The Parallel Lives · Agis*, London: William Heinemann, NewYork: G.P.Putnam's Sons, 1921, pp.13–15. 亚里士多德在评论斯巴达的衰落时，提到斯巴达有五分之二的土地掌握在妇女手中。拉根尼全境原来可以维持 1500 名骑兵和 3 万重装步兵，而到公元前 369—前 362 年，所有担任战事的公民数已不足 1000 人了。见［古希腊］亚里士多德：《政治学》，Ⅱ，1270a15–1270b6。参见亚里士多德著，吴寿彭译：《政治学》，85 ～ 88 页，北京，商务印书馆，1965。

随即使其归化（罗马）。"克劳狄认为，同化被征服者是罗马人强大的主要因素。[①]

为了更好地增强自己的实力，创造更高的文明，罗马不断地开放公民权。在罗马人看来，开放公民权是罗马发展的重要基础。

罗马最初的文明非常落后，但罗马人从不以落后为荣。他们有主动向外学习取经的习惯，主动从实践中学习别人的长处，主动走出去向文化先进的民族学习，主动把优秀的地中海文化引入罗马，并将其融入罗马的文明之中。

罗马是崇尚"他律"的民族，以法治国是罗马文明的重要特征。罗马人早在公元前5世纪就开始编撰成文法。《十二表法》就是罗马成文法的开创之作。《查士丁尼法典》更是罗马法的精华。成文法典将罗马的文明特色永远镌刻在历史上。成文法典是罗马文明的真实写照，是罗马

---

① ［古罗马］塔西佗：《编年史》，11，24。参见 Tacitus, *The Annals*, Book Ⅳ–Ⅵ, Ⅸ–Ⅻ, Cambridge, MA: Harvard University Press, 1937, pp.289–291.

现实社会的浓缩。每一部成文法律都留有罗马人的智慧，是罗马民族本性的高度反映。

　　罗马文明兴盛了 1000 余年。大约到公元 3 世纪，罗马帝国出现明显变化。这些变化主要表现为政治腐败、城市萧条、经济衰退，而帝国自身的局限又加深了罗马的分裂。帝国是联合体而不是关系紧密的共同体，正如斯大林所说："这些帝国没有自己的经济基础，而是暂时的、不巩固的军事行政的联合。这些帝国不仅没有，而且也不可能有对整个帝国统一的、为帝国一切成员都懂得的语言。这些帝国是一些各有各的生活方式、各有各的语言的部落和民族（народность）的集合体。"① 因此，它很容易被外来的因素所击垮。更重要的是，异族宗教基督教迅速占领基层，成为罗马传统文明的颠覆力量。公元 313 年，基督教的合法地位在罗马确立。公元 337 年，罗马君主君士坦丁皈依基督教，成为第一位信奉基督教的国家首领。公元

① ［苏］斯大林著，中共中央马克思恩格斯列宁斯大林著作编译局编：《马克思主义和语言学问题》，8 ～ 9 页，北京，人民出版社，1971。

392 年，基督教成为罗马国教。罗马传统文化在与基督教的竞争中失败了。公元 476 年，西罗马帝国灭亡。作为古代地中海地区产生最晚、影响最大的文明也就丢掉了宗教上和政治上的连续性。但是和两河流域以及古埃及文明不一样的是，拉丁文没有被人遗忘。

以上所说的几种古代文明离我们已经很遥远了，有的已经灭亡了，有的已经中断了。那么，从这些文明中，我们到底能够得到哪些启示呢？或者说，文明中断的原因到底是什么呢？

第一，外族的入侵导致政治实体的中断。军事的先进性在文明交往过程当中发挥着重要的作用，但这种先进性有很大的隐蔽性，只有到双方交锋的时候，效果才能显现出来。所以世界历史上很多常常被认为弱小的民族，在关键的时候，却打败了先进、文明的民族。无论是亚历山大帝国还是罗马，都是如此。亚历山大带领 3.5 万人，无后方作战，竟然灭掉了庞大的波斯帝国。罗马最初才 3300人，后来却把地中海地区一大批比罗马人强得多的势力全部征服了。

第二，跟政治权力关系密切的宗教力量的消亡。在古代中国，宗教不能也不被允许干预政治，政教合一根本不可能，世俗的力量永远是强大的。但西方就不一样了，宗教的力量很强大，常常干预政治。与政治权力关系密切的宗教一旦消亡，传播文明的许多文化人也就逐渐消失了，原来的文字也很少有人认识了，有的则完全被人遗忘了。

第三，传承文化的人数有限，继承者缺乏传播、传承文明的自觉意识和动力。在古代，传承文化的主力是官吏与祭司，队伍小，依附性强。一旦当地政权消亡，宗教被替代，官吏与祭司也就失去了依靠的对象。而随着这支队伍的消失，文字、文献的传承也就无从谈起，正所谓"皮之不存，毛将焉附"，文明的消失也就是时间的问题了。

二、中华文明的起源与发展脉络

与两河流域文明、古埃及文明和古印度河文明一样，中华文明也是世界上重要的原生文明。

　　中华文明的创造者是中华民族。^① 中华文明是中华民族在长期奋斗过程中创造出来的重大成就。科学地认识中华文明的起源，始终是近代以来国内外人文学者思考的重要问题。而中国考古学的兴起为解决这一难题提供了难得的机会与翔实的证据。

　　大约在 100 年前，瑞典人安特生与中央地质调查研究所的袁复礼等人开始在河南渑池县仰韶村进行发掘，从而揭开了中国考古学的序幕，标志着中国现代考古学的诞生。仰韶文化遗址的发掘推翻了西方考古界一直坚持的中国无石器时代的旧说，但安特生在解释仰韶文化起源上却

---

① 　学界一般都把"中华民族"这一概念确定为梁启超首创，首创时间为1902年。近读恩格斯于1857年5月发表的《波斯和中国》一文，发现恩格斯早在梁启超之前45年就已经使用了"中华民族"这一概念。恩格斯的原文这样写道："简言之，我们不要像道貌岸然的英国报刊那样从道德方面指责中国人的可怕暴行，最好承认这是'保卫社稷和家园'的战争，这是一场维护中华民族生存的人民战争。"《马克思恩格斯文集》第2卷，626页，北京，人民出版社，2009。恩格斯的原文为英文"Chinese nationality"，将其译成"中华民族"显然是对的。

出现了严重的错误。安特生将在仰韶村发现的大量精美彩陶与在中亚安诺遗址、东南欧特里波里遗址中采集的彩陶进行简单比较，并轻率地得出了中国彩陶文化来源于西方的结论。这就是所谓"中华文明西来说"。仰韶文化早期遗址距今约 7000 年，晚期距今约 5000 年。郭沫若主编的《中国史稿地图集》共标出重要的仰韶遗址 173 处，仰韶文化分布的地域之广可见一斑。

中华人民共和国成立后，随着中国考古学的不断发展和考古资料的不断丰富，中国"超百万年的文化根系，上万年的文明起步"逐渐被人们所知。从超百万年的文化根系到上万年的文明起步，从 5000 年前氏族部落到国家的转变，考古学为世界揭示了一条中国国家形成、文明起源的典型路线。它强有力地证明中华文明是本土起源的，有坚实的发展根基。"中华文明西来说"缺乏事实依据。中华文明是实实在在的原生文明。

考古证明，大约在 10000 年前，中国进入新石器时代。在新石器时代晚期，中华大地上存在一系列独立发展、风格各异、地域色彩浓厚的史前文化，苏秉琦先生将之总结为"满天星斗"。[①]中华文明不但是本土起源，而且也非单一中心，是多源并发。高度发达的史前文化，既存在于中原大地，也分布于辽西、长江中游、黄河下游、江浙等地区，初步形成带有鲜明区域特色的中华文化圈。

世界历史的研究表明，文明是对野蛮的否定，而国家则是"文明社会的概括"[②]。国家是历史发展的产物，是文明社会的重要表现形式。文明时代以国家出现为主要标志。

大约在5000多年前，在中华大地上产生了区域性文明。其中著名的就有良渚文明。良渚文明距今约5300年至4300年，有宫殿、城市、祭坛、工程复杂的外围水利

[①] 据统计，我国发现的新石器时代遗址，在1949年前有百余处，到1979年达5000多处，1985年达7000多处，到20世纪90年代则有1万多处。参见苏秉琦：《中国文明起源新探》，114页，北京，生活·读书·新知三联书店，2019。瞿林东主编，许殿才等著：《历史文化认同与中国统一多民族国家》第1卷，28页，石家庄，河北人民出版社，2013。

[②] 恩格斯：《家庭、私有制和国家的起源》，见中共中央马克思恩格斯列宁斯大林著作编译局编：《马克思恩格斯选集》第4卷，176页，北京，人民出版社，1995。

系统以及墓葬等级有差异的墓地等，属于典型的古国文明。考古工作者近年的研究表明，良渚文化的影响远远超出江浙地区，远达山东、陕西、山西、广东等地。[①] 由此可见，中华区域性文化具有强大的影响力与兼容力。

到了大约公元前 2600 年至前 2100 年的"龙山时代"，随着铜器时代的到来和发展，人们的生产能力有了较大提高。中心聚落规模进一步扩大，临汾的陶寺、神木的石峁、登封的王城岗均出现了设计较为严密、规划相对齐整、面积达上百万甚至数百万平方米的大城，同时也出现了供统治者使用的大型宫殿。人们在管理水平和组织能力上有了明显提高，贫富分化加剧。文明社会的门槛业已跨越。

唐虞夏商周，人们一般称之为中华文明的初创期。学者们所说的文明的必备条件如城市、金属冶炼和阶级分化

---

① 参见宋姝、刘斌：《良渚古城：中华 5000 多年文明史的实证之城》，载《自然与文化遗产研究》，2020（3）；刘斌：《良渚与中国百年考古——被低估的中国新石器时代》，载《中国文化研究》，2021（4）。

三大要素，均在二里头文化中出现。这里有当时最大的中心城市，面积约 300 万平方米；这里有青铜铸造作坊、青铜武器和青铜礼乐器群等。二里头文化的影响范围超出此前的古国，已跨过黄河，北入山西（平遥地区）沁河，西北至晋西南运城、临汾，向西抵关中东部、丹江上游（陕南）商州地区，南及豫、鄂交界地带，东到豫东开封一带，俨然是当时中原地区最强势、最有影响力的政治力量。因此，许多学者认为，二里头文化极有可能就是夏文化。[①]与此同时，周边那些曾经辉煌的史前文化继续存在，此后也以少数族群的身份存留在中原王朝的典籍中。如东夷应与新石器时代晚期山东大汶口—海岱文化有关，虽然他们长期依附于中原王朝，深度嵌入王朝政治体系，但其文化制度均与中原文明有一定的差异。中华文明的演进过程实际上就是多元文明相互整合融聚的过程。考古学家称之为"重瓣花朵模式"，华夏是核心，是花心，核心向周

①　袁行霈、严文明等主编：《中华文明史》第 1 卷，15 ～ 16 页，北京，北京大学出版社，2006。

边辐射、扩散，周边向核心汇集。核心与边缘交织影响，相互交融，逐渐形成多元一体的格局。

夏、商、周三代属于王朝文明。在三代的政治文化之间，传承关系密切。钱穆先生认为，《尚书》里《召诰》《多士》和《多方》诸篇涉及众多西周初年君臣的内容。"他们追述以前王朝传统，都是夏、殷、周连说。这是西周初年人人口中的古史系统，宜可遵信。"[①] 所谓"成汤革夏""殷革夏命""周革殷命""殷鉴不远，在夏后之世"，以及"殷因于夏礼，所损益，可知也；周因于殷礼，所损益，可知也"[②]，就是这种传承关系的重要表现。三代不是城邦国家，也不是大一统中央集权国家，更不是帝国型国家，但夏、商、周已经拥有相当的统一性。夏、商、周三代之王处于天下共主的地位，对其治下的方国有较强的制约和掌控力。王宫是政治决策的中心。夏、商、周的基层

① 钱穆：《中国文化史导论》（修订本），27页，北京，商务印书馆，1994。
② 《论语·为政》，见杨伯峻译注：《论语译注》，21～22页，北京，中华书局，1982。

组织是血缘氏族、血缘家族。血缘纽带是王朝治理的重要手段。这与古雅典、古罗马的情况大相径庭。古雅典、古罗马属于小国寡民的城邦国家，以居民居住地来组织国民，划分他们的公共权利与义务。古雅典、古罗马的基层组织是地区部落。广场是公民议事的场所。随着城邦国家的形成，血缘关系在古雅典、古罗马国家中所发挥的作用日渐消亡。

从秦汉至隋唐，"天下一家"的格局形成。秦汉时期，大一统王朝建立，郡县制成为地方政权的重要组织形式，中央建立起强有力的集权体制，车同轨、书同文、统一度量衡，统一人的身份，编户齐民制度使人的身份认同得到进一步加强。诸夏与诸周边民族深度融合，至汉代，逐渐形成新的凝聚核心——汉族。海、陆丝绸之路的开通，促进了东西方文明的交流。核心家庭取代家族成为基层组织的基本单位，完成了社会基层由血缘组织到地缘组织的转变。文字统一，儒学成为主导意识形态，对人们的思想和行为产生重大影响。郡县制起到了"垂二千年而弗能改矣，合古今上下皆安之"的效果。

在中华文明史上，隋唐以宏博和辉煌著称。此时，中国的经济格局略有改变，南方不断得到开发，但中国的经济重心仍在北方。中国古代文明的积淀与发展在隋唐时期达到新的高度。传承与创新并举，开放与进取并重，吸收与融合并存，构成这一时期文明的重要特征。适应社会结构更新和促进社会流动的科举制、多民族和多元文化交融的大一统国家组织以及以儒学思想为中心的社会伦理的远播，使中华文明的世界意义得到充分展现。

宋辽西夏金至元明清是中华文明得到进一步发展的时期。中国的经济中心彻底南移，稻米种植面积大增。明时，玉米、甘薯、土豆等高产粮食作物的引进更促进了人口的增长。据统计，到19世纪中叶，中国人口已过4亿。[1]与此同时，各民族间的交往、交流、交融不断深化。文化因为印刷术的发明得到了更为广泛的传播。有别于传统的新

① 葛剑雄：《中国人口发展史》，287页，成都，四川人民出版社，2020。

文化景观不断出现。宋辽西夏金至元明清的近千年发展，既加速了中华民族的大交融，又推进了中华文化在民族大交融下的新飞跃。

美国学者保罗·肯尼迪曾在《大国的兴衰》一书中坦言："在中古时期的所有文明中，没有一个国家的文明比中国的更先进和更优越。在 15 世纪时，中国人口众多，有 1 亿～1.3 亿，而当时欧洲的人口为 5000 万～5500 万。它的文化灿烂辉煌，平原土地肥沃，灌溉发达，与 11 世纪开凿的蔚为壮观的运河系统相连，并形成了一个由受过儒家良好教育的官吏管理的统一的等级制政府。这一切使中国社会发达具有一种内聚力，以至于外国来客羡慕不已。"[1] 保罗·肯尼迪的这个评价应该是有道理的。

不过，1840 年鸦片战争以后，随着西方列强的不断入侵，清王朝的腐朽日益暴露，中国面临千年未有之大变

① ［美］保罗·肯尼迪著，蒋葆英等译：《大国的兴衰》，4～7页，北京，中国经济出版社，1989。法国学者费尔南·布罗代尔也认为，中国在科学方面长期在世界上享有领先地位。参见［法］费尔南·布罗代尔著，肖昶等译：《文明史纲》，39页，桂林，广西师范大学出版社，2003。

局，中华文明遭遇前所未有的挑战。中国虽然没有像邻国印度那样被外国列强占领并沦为殖民地，但中国的领土、主权遭到了列强多次侵略和破坏。中国逐渐沦为半殖民地半封建社会。1917年，俄国发生十月革命，创立了世界上第一个社会主义国家。"十月革命一声炮响，给我们送来了马克思列宁主义。十月革命帮助了全世界的也帮助了中国的先进分子，用无产阶级的宇宙观作为观察国家命运的工具，重新考虑自己的问题。走俄国人的路——这就是结论。"①1919年，中国发生了五四运动。1921年，在中国的大地上诞生了伟大的中国共产党。中国的面貌从此焕然一新。在中国共产党的领导下，中国走出近代百年屈辱，建立了人民当家作主的中华人民共和国。时至今日，我们党带领中国人民在中华大地上全面建成了小康社会，历史性地解决了绝对贫困问题，开创了中国式现代化新道路。以物质文明、政治文明、精神文明、社会文明和

---

① 《毛泽东选集》第4卷，1471页，北京，人民出版社，1991。

生态文明综合建设、协调发展为重心的世界文明新形态正在中国发挥作用，产生影响。我们现阶段比历史上任何时期都更接近于中华民族伟大复兴的目标，中华文明正以崭新的姿态迎接更为辉煌的明天。

总之，中华文明自起源阶段就是多元的，有深厚的土壤和丰富的根系。众多史前文化的相互聚合、交融，催生了丰富多彩的中华文明。历史时期各民族间连续不断的交往和交流，大大地丰富了中华文明的核心内涵。历史雄辩地证明，我们辽阔的疆域是中华各民族共同开拓的，我们悠久的历史是中华各民族共同书写的，我们灿烂的文化是中华各民族共同创造的，我们伟大的精神是中华各民族共同培育的。中华民族是你中有我、我中有你，无法分离的民族共同体。

在5000多年文明的发展过程中，中华民族创立了以"自律"为主的道德文明。它深深扎根于一代一代中国人的心里，构成中华民族文化认同的坚实基础。

与世界上存在过的另一强国罗马相比，中国的圣贤建立了像自强不息，厚德载物，励精图治，发愤图强，艰苦奋斗，自力更生，独立自主，己所不欲、勿施于人，为而不恃、长而不宰，富贵不能淫、贫贱不能移、威武不能屈，苦其心智、劳其筋骨、饿其体肤、空乏其身等以"修身"和"自强"为重点的"自律"文明。以"自律"为主的道德文明建设大大地提升了中华民族的凝聚力。这与注重"他律"建设而忽略"道德文化"建设的罗马形成了鲜明的对比。罗马很显然缺乏像孔夫子那样重视"自律"精神建设的思想家，也缺乏传播道德思想的传道者。当罗马成为地中海霸主的时候，罗马人因缺少道德建设而失去了精神上的活力。他们可以做到"胜人者有力"，但不能做到"自胜者强"。为了填补精神上的空虚，罗马人把大量的时间浪费在竞技场内、大浴池里，醉生梦死。到帝国晚期，罗马人已经变成了没有灵魂的民族。罗马的灭亡也只是时间问题了。相反，中华文明建立了以"自律"为主的道德体系，因而无论是遇到逆境还是顺境，都能严肃对待，认真处置。罗马之所以抛弃罗马，中华之所以还是选择了中华，其奥秘应该皆与它们各自的文明有关。

在中华文明延绵发展的过程中，至少有六条文明生命线非常值得我们重视：一是以"讲仁爱、重民本、守诚信、崇正义、尚和合、求大同"以及统一同心、奋发进取等为重点的中华核心思想理念；二是以"以天下为己任""天下兴亡，匹夫有责"为核心的爱国主义；三是以见义勇为、扶危救困、崇德向善、敬老爱幼等为主要内容的中华传统美德；四是以人为本、以文化人、以文化天下的人文精神；五是与时俱进、崇尚科教、尊师重道的创新传承意识；六是兼收并蓄、交流互鉴、多元融通的包容开放式传统。它们都是中华文明的黏合剂，构成了中华文明持续发展的超强生命线。

第三章
中华文明的连续性特征及对人类的贡献

中华文明是中华民族的伟大创造，是人类原生文明中唯一没有中断过的文明，具有文化根系发达、多源汇流、多元交融、开放包容等特点。"以史为师""以史为鉴"的中华历史意识、民族间交汇凝聚后出现的新的人文气象以及以"修身""自强"为重点的"自律"传统，不断地丰富着中华文明的内涵。长期实践中的创造与艰难探索中的发明，既是中华文明辉煌成就的体现，也是中华文明对人类的巨大贡献；中华民族的伟大复兴以及中国式现代化道路的成功实践更是人类历史上的创举，在推动世界文明的进步方面意义重大。

一、中华文明的连续性特征

汤因比曾认为,在近 6000 年的人类历史上,出现过 26 个文明形态,但是在全世界,只有中国的文化体系是长期延续发展而从未中断过的文化。[①] 汤因比还说:"就中国人来说,几千年来,比世界任何民族都成功地把几亿民众,从政治文化上团结起来。他们显示出这种在政治、文化上统一的本领,具有无与伦比的成功经验。"[②] 在世界各文明古国当中,中国文明发展的连续性是十分突出的。

第一,中国作为政治实体,在其发展过程当中,从未

① 汤因比认为:"基于中国的现象,我把整个中国史,从商代到 1911 年清王朝的覆亡为止,解释为连绵不断的同一个文明的历史,我已经给它贴上了'中国文明'的标签。"〔英〕阿诺德·汤因比著,刘北成、郭小凌译:《历史研究》(修订插图本),51 页,上海,上海人民出版社,2000。

② 〔英〕A. J. 汤因比、〔日〕池田大作著,荀春生、朱继征、陈国梁译:《展望21世纪——汤因比与池田大作对话录》,294页,北京,国际文化出版公司,1985。

中断过。

　　中华文明来自广袤的中华大地，根系发达，是名副其实的原生文明。中华文明产生于金石并用时代和青铜时代，是世界上最早的文明之一。在青铜时代，世界上出现了很多文明，也有很多文明被淘汰，唯有中华文明没有断裂。中华文明经过夏、商、西周的不断开发与发展，到东周的春秋时期，迎来了极其重要的铁器时代。铁制生产工具的使用使生产力有了明显提高，使土地得到了大量开垦，人们的生活质量也有了质的飞跃。与印度河流域文明、爱琴文明不同，中国古文明没有在青铜时期消失。在铁器时代，经过春秋战国时期，中国文明继续向秦汉时期更高级的阶段发展。春秋和战国时期，尤其是战国时期，中国进入了一个混乱的时间段。这种混乱的状况，一般很容易造成文明的中断，但中华文明却以其独有的韧性和包容性，经过一段时间的交流交融后进一步发展，并在秦汉时期达到了稳固状态。秦汉的统一，是在原来周王朝基础上的一次更高层次的统一。公元4—5世纪的时候，中原地区发生了民族大迁移，还建立过不少以少数民族为最高统治者的政权，但这些变化与文明的断裂无关，本质上只是同一文明发展过程中的朝代更替。魏晋南北朝，尤其是南北朝时期，也有一个混乱的时间段，但是，中华文明又一次渡过了危机，并进入发展更好的隋唐阶段，开始新的更高一级的统一。而同期的罗马却在日耳曼人的进攻和基督教的传播影响下消亡了。隋唐以后进入宋元明清时期。在这一阶段，曾两度出现少数民族成为全国最高统治者的王朝。这些王朝和以汉族为最高统治者的王朝一样，其本质都是同属中华民族的不同族群的上层统治者的联合政权，只不过具体结构上有一点差异而已，中华文明的核心和特点并没有发生实质性的改变。所以，中国作为政治实体，在历史上从没有被外力中断过，几千年都是如此。

为什么这么一个政治实体会如此牢固呢？根源在于这一政治实体在农耕时间段具有明显的先进性。

从政体的角度来讲，西方古代社会的政体是多种多样的。亚里士多德曾经研究过的西方政体形式就有 150 多种。其中著名的有君主制、贵族制、寡头制、民主制、僭主制等，而且亚里士多德对于政体的发展规律也有所研究。中国人在政治实体、政治结构方面并不像西方那样繁多、复杂、易变。中国人经过漫长的探索，创造了一整套适合中国的政治体制和政治组织形式，并于秦汉时期基本成型。尽管这种政治体制和政治结构随着时代的发展有所变化，但其基本框架都沿袭了秦汉体制，从未被割断。概括而言，它是一个超稳定的政治体制模式。这个体制模式，从中央到郡县或封国，到家族，到个人，结构严密，政令渠道畅通，成效明显。有一些体制如行省等，到现在还在发挥作用。在这个超稳定的结构当中，中国传统的政治实体一直没有间断，这是一件了不起的事，是世界上独一无二的。

　　第二，中国古代的文字在发展过程当中没有中断，使中华文明有了可持可久的力量。

　　以"形""意"为主，同时又与各地方言相适应的汉字是中华民族的伟大创造与身份象征。中国人通过"书同文"把原本分散不统一的文字汇聚成了一个整体，一个统一的体系。汉字既是维系中华民族共同体文化的载体，也是连接古今的桥梁；既是传递文明的工具，也是传承文明的重要纽带。汉字的整个演变过程连贯通畅，有发展之常，也有开放吸纳之变。汉字的发展演变过程非常清晰。从甲骨文到金文，再到小篆、隶书、楷书，从繁体到简体，整个发展脉络极其完整。为便于后人看懂前人的文献，中国人创造了特别的方法，就是用做"注"的办法来告诉大家这个字是什么意思。《说文解字》"注"下曰："注之云者，引之有所适也。"故释经解文以明其义曰注。大家所熟知的有《左传》杜预注、《三国志》裴松之注等。注者，实际上就是解释古书原文意义也。在中国，除注以外还有"疏"。"疏"，就是对注文的"注"。大家通过"注"和"疏"这个桥梁可以认识古代的原始文献。这就是说，通过"注"和"疏"，我们是能够释读甲骨文和金文的。而且"注"和"疏"不止一家。这与埃及的象形文字或者两河流域的楔形文字不一样，埃及的象形文字和两河流域的楔形文字是死文字，是在湮没、中断千余年后，通过近代学者们研究、比对、重新解读才被世人再次认识的；而中国的文字一直存在，从来没有中断过。

汉字把中华各民族紧密相连，把中国古代的思想、哲学、历史、文学等播至四方，传至当下，以文化人，以文启智。与字母文字不同，汉字与其代表的客观事物有更多的一致性，在某些方面甚至具有同一性。字母文字则完全不同，它远离客观事物，是对客观事物的再创造。汉字使中华文明的传承变成了事实，使中华文明有了可持可久的力量。

第三，中国历史文化的传统没有中断。

文明延续与文字的记录有密切的关系。文明若要流传下去，有两件事至关重要：一是政治家们、治国者确实做过一些事；二是事情做过以后，要有人将其记录下来。历史文献和著作对于保存客观的信息非常重要。如果做了事而没人记录，事情也就被遗忘了。没有了真相，也就谈不上传承了。

在长期的生产与社会实践中，中华民族立足于探寻人的创造性智慧，以人为本，以史为师，以史为鉴，创建了世界上独一无二的连续考察人之行为、思考人之得失的知识、文化体系，赋予了中华文明鲜明的史鉴自觉意识与强烈的传承意识。中华民族是有家国历史观的民族。

罗马大文豪西塞罗曾明确指出："历史是时代之见证，真理之光辉，记忆之赓续，生活之导师，往事之信使。"[①] 历史上，走过蒙昧、走出野蛮、走进文明的民族很多，但有文明并不意味着就会有研究人类行为、固定民族品格的历史学。历史学的产生需要有众多主、客观条件。"因为'历史'这样东西需要理智——就是在一种独立的客观的眼光下去观察一个对象，并且了解它和其他对象间合理的联系的这一种能力。所以只有那些民族，它们已经

① Historia uero testis temporum, lux ueritatis, uita memoriae, magistra uitae, nuntia uetustatis. ［古罗马］西塞罗：《论演说家》，2, 9。参见Cicero, *De Oratore*, Book I, II, Cambridge, MA: Harvard University Press, 1967, p.224.

达到相当的发展程度，并且能够从这一点出发，个人已经了解他们自己是为本身而存在的，就是有自我意识的时候，那种民族才有'历史'和一般散文。"① 两河流域文明有文字，有文献，有客观的历史，学校也很发达，但是缺少历史学；埃及的文明也有文字，有文献，有客观的历史，有祭司，但是缺少历史学；克里特和迈锡尼文明也是如此；古代的印度也一样，它有文明，但就是"没有历史的观念，没有记述历史的能力"②。所以，这些文明的具体状况很难弄清楚。可见，如果没有记录、没有历史学的话，文明的传承是会有问题的。在古代，只有古希腊人、罗马人和中国人创立了与人的行为有密切关系的历史学。但古希腊人的历史学很少有文献记录，雅典到德拉古时

① ［德］黑格尔著，王造时译：《历史哲学》，167页，上海，上海书店出版社，1999。
② ［德］黑格尔著，刘立群等译：《黑格尔全集》第27卷第Ⅰ分册，184页，北京，商务印书馆，2014。

（公元前 621）才出现官方文献 ①；海卡泰欧斯也只能回溯到第十六代，第十七代就是神了②。斯宾格勒认为："梭伦前的希腊什么也没有留下，没有留下一个年份，没有留下一个真姓名，没有留下一件确实的事件。"③ 而且希腊史学的内容主要涉及当代史视野下的专题史。战争是史学家关注的重要课题。古罗马的历史学虽有通史之体例，但纪年各异，仅为个人之撰述。国家的整体史观根本没有出现。罗马没有产生国家整体史观的条件与自觉。

---

① 约瑟夫斯认为，希腊人一开始就没有想要编纂关于时事的官方记录，这就为之后的错误和谎言提供了充足的空间。不仅那些次要的希腊城邦忽视了历史的记录，甚至连热爱学习的雅典人也不例外；德拉古（Dracon）制定的有关谋杀案方面的法律据说是他们最古老的官方文件，而德拉古生活的年代距离庇西特拉图（Peisistratus）的专制统治不远。至于对其古史自吹自擂的阿卡迪人（Arcadians），我们就更没有必要提及他们了，因为他们甚至到了很晚近的时期，还几乎不会使用字母表。由于缺乏基本的原始记录来指导研究者和驳斥说谎者，因而，各个历史学家之间的描述必然会出现巨大的分歧。[以]约瑟夫斯：《驳阿庇安》（又名《驳希腊人》），4。参见约瑟夫斯著，杨之涵译：《驳希腊人》，76 页，上海，华东师范大学出版社，2016。

② [古希腊]希罗多德著，王以铸译：《历史》，174 页，北京，商务印书馆，1997。

③ [德]奥斯瓦尔德·斯宾格勒著，齐世荣等译：《西方的没落》上册，27 页，北京，商务印书馆，1963。

众所周知，历史是产生经验的基础。中华民族极为重视对历史经验的总结，具有强烈的历史反思意识。梁启超直言："在中国，史学的发达比其他学问更利害，有如附庸蔚为大国，很有独立做史的资格。"① 竺可桢也认为："中国古代最有科学性的还是史学，因为中国的太史，一向是主张秉笔直书，所以春秋时代崔子弑齐君，齐国太史就直书不讳，结果接连被杀者三，各国太史统要跑到齐国去写崔杼弑齐君，崔子才没法只好承认。这种精神却与科学精神相同，后世史学家如司马迁司马温公都是良好的史学家。所以中国别的科学不行，历史学还有相当的贡献。"②

在古代中国，史学显然是第一大学问。中国的史学家秉笔记事，为赓续中华文明不遗余力。从殷朝留下的甲骨卜辞到金器铭刻，从《尚书》《春秋》到由历代史家编撰的"二十四史"，这些既是中华文明的标志性成果，是中

---

① 梁启超：《中国历史研究法》，295页，上海，上海古籍出版社，1998。
② 竺可桢在南宁六学术团体联合年会的讲演。参见竺藕舫：《利害与是非》，载《科学》，1935（11）。

华文明连续性的最好见证，同时也是世界文明史上的奇迹，在世界文明史上处于独一无二的地位。18 世纪的法国思想家伏尔泰坦言："无可否认，世界上最古老的编年史是中国的编年史。中国的这些编年史连贯不断，详尽无遗，撰述严谨，没有掺杂任何神奇的成分。"①"如果说有些历史具有确实可靠性，那就是中国人的历史。……中国人把天上的历史同地上的历史结合起来了。在所有民族中，只有他们始终以日蚀月蚀、行星会合来标志年代；我们的天文学家核对了他们的计算，惊奇地发现这些计算差不多都准确无误。"②"中国人的历史书没有任何虚构，没有任何奇迹，没有任何得到神启的自称半神的人物。这个民族从一开始写历史，便写得合情合理。"③19 世纪德国哲

① ［法］伏尔泰著，梁守锵译：《风俗论》上册，220 页，北京，商务印书馆，1994。
② ［法］伏尔泰著，梁守锵译：《风俗论》上册，85 页，北京，商务印书馆，1994。
③ ［法］伏尔泰著，梁守锵译：《风俗论》上册，86 页，北京，商务印书馆，1994。

学家黑格尔也感叹："（中国）这个民族拥有自远古以来至少长达五千年前后相连、排列有序、有据可查的历史，记述详尽准确，与希腊史和罗马史不一样，它更为翔实可信。世界上没有任何国家拥有这样一部连续翔实的古老历史。"[①]连续不断的史著把中国的文明成就牢牢地留在文献里，留在中华民族的记忆里。中国有保留人类记忆最好的组织，也有保留人类记忆最丰富的典籍。中国的历史与典籍既是守护中华民族文化基因的卫士，同时也是引领后人开启未来事业的宝库，帮助后人从传承中前行，从发展中壮大。

实际上，中华文明的连续性特点所体现的层面极其丰富，绝不局限于上面几个方面。无论是治统还是道统，无论是道统还是学统，都能在中华文明的发展长河中找到源流。可以毫不夸张地说，中华文明的连续性是世界的奇迹，是中华民族对人类的重大贡献之一。

[①]　［德］黑格尔著，刘立群等译：《黑格尔全集》第27卷第Ⅰ分册，114页，北京，商务印书馆，2014。

二、中华文明对人类的重大贡献

中华民族是世界上伟大的民族。在 5000 多年的奋斗过程中，勤劳勇敢的中华民族不但涌现出了无数杰出人物，而且以善于发明闻名于世，创造了众多对世界有重大影响的文明成果。早在抗日战争时期，毛泽东同志就曾这样说过："在中华民族的开化史上，有素称发达的农业和手工业，有许多伟大的思想家、科学家、发明家、政治家、军事家、文学家和艺术家，有丰富的文化典籍。在很早的时候，中国就有了指南针的发明。还在一千八百年前，已经发明了造纸法。在一千三百年前，已经发明了刻版印刷。在八百年前，更发明了活字印刷。火药的应用，也在欧洲人之前。"[①] 英国学者李约瑟指出："从公元 1 世纪到 15 世纪，没有经历过'黑暗时代'的中国人总体上遥遥领先于欧洲。""在公元后最初的 14 个世纪里，中国

---

① 《毛泽东选集》第 2 卷，622 ～ 623 页，北京，人民出版社，1991。

传给了欧洲极为丰富的发现和发明，而西方在接受这些
发现和发明时往往并不清楚它们源于何地。"①其中，指南
针、火药、造纸术、印刷术就是中国人的创造性发明，
是16、17世纪的西方学者证明"当下"比"过去"进步
的重要武器，是中华民族对人类文明做出的重大贡献。②
之所以重大，是因为火药、指南针和印刷术的发明，不但
改变了人类的生活、生产方式，而且也改变了整个世界的
面貌，"竟至任何帝国、任何教派、任何星辰对人类事务
的力量和影响都仿佛无过于这些机械性的发现了"③。指南

① ［英］李约瑟著，张卜天译：《文明的滴定》，1、46页，北京，商务印书馆，
2016。西方不知道四大发明发源地的原因在于，在古代，技术传播的速度太
慢。例如：中国的印刷术和活字印刷，分别发明于公元8世纪和11世纪，
到15世纪，这一技术才传到欧洲；中国于公元2世纪发明造纸术，但要到10
世纪才传到非洲，12世纪传到西班牙，13世纪传到北欧；中国于9世纪发明
的火药，一直到14世纪才传到欧洲。
② 参见［英］李约瑟著，袁翰青等译：《李约瑟中国科学技术史》第1卷，242
页，北京，科学出版社，上海，上海古籍出版社，2018；［英］约翰·霍
布森著，孙建党译，于向东、王琛校：《西方文明的东方起源》，110、
115~116、164~168页，济南，山东画报出版社，2009。
③ ［英］培根著，许宝骙译：《新工具》，103页，北京，商务印书馆，1984。
据测算，到1500年，至少已经印了2000万书，而到1600年，已经生产的
书达到2亿册。参见［美］本尼迪克特·安德森著，吴叡人译：《想象的共同
体》，38页，上海，上海人民出版社，2016。

针、火药和印刷术沉重地打击了封建势力，从而预告了资产阶级社会的到来。指南针使"长途航行、横穿整个地球，将殖民送到另一个世界"成为现实。^①"火器一开始就是城市和以城市为依靠的新兴君主政体反对封建贵族的武器。以前一直攻不破的贵族城堡的石墙抵不住市民的大炮；市民的枪弹射穿了骑士的盔甲。贵族的统治跟身披铠甲的贵族骑兵队同归于尽了。"^②马克思对这些发明的历史作用做过极为深刻的概括。他说："火药把骑士阶层炸得粉碎，指南针打开了世界市场并建立了殖民地，而印刷术则变成新教的工具，总的来说变成科学复兴的手段，变成对精神发展创造必要前提的最强大的杠杆。"^③我国学者李大钊在

① ［法］让·博丹著，朱琦译：《易于认识历史的方法》，354页，上海，华东师范大学出版社，2020。1492年，哥伦布首次横渡大西洋到达美洲，以及1522年，麦哲伦船队第一次环绕全球航行成功，都为欧洲的发展打下了极为重要的基础。
② 中共中央马克思恩格斯列宁斯大林著作编译局编：《马克思恩格斯选集》第3卷，547页，北京，人民出版社，2012。
③ 马克思著，中国科学院自然科学史研究所译：《机器。自然力和科学的应用》，67页，北京，人民出版社，1978。参见杨共乐：《人类文明进程中的中华文明》，载《光明日报》，2021-12-31。

《"今"与"古"》一文中也这样写道："印刷术、火药、罗盘针三大发明，是古人所不知道的。这些发明变更了全世界的情形，先文字，次战争，最后航海，引起了无数的变迁，影响及于人事，没有比这些机械的发明再大的。"①可以毫不夸张地说，没有指南针、火药、印刷术，就不可能出现欧洲启蒙思想的大传播，不可能出现资本主义市场的大发展。

就对人类的作用而言，造纸术所发挥的作用照样巨大。著名的科学史家钱存训曾在系统研究纸张和印刷术的发明历史后，这样写道："古代世界的所有产品之中，论意义很少有比得上中国发明的纸张和印刷术的。两者都对世界文明的形成起过深刻的作用，对各处广大人民的精神和日常生活产生过久远的影响。纸张被证明是表达人类思想的最令人满意的书写材料，而如果再加上印刷术，一个人的思想就能跨越时空的鸿沟传播给大众。总之，印刷

---

① 李大钊：《史学要论》，35页，北京，商务印书馆，2000。

出来的信息使人类思想的知识模式产生了变革，而纸张又为传播思想提供了最经济最方便的手段。当然，除了书写、出版之外，纸张还有别的用途，它已经深入古今社会的各个角落，成了人们日常生活的必需品。虽说近年来有了传播信息的其他媒介，但纸墨印刷的独特结合，仍然是根本、永久、轻便、也许是当今最廉价易得的信息传播方法。"① 纸张和印刷术不但改变了文明的保存和文化的传播模式，同时也对世界新知识格局的形成贡献巨大。

历史一次次证明，中华民族不仅是一个极富创造力的民族，而且是世界文明进步的重要推动力量。正如美国学者卡特在《中国印刷术的发明和它的西传》中所言："欧洲文艺复兴初期四种伟大发明的传入流播，对现代世界的形成，曾起重大的作用。造纸和印刷术，替宗教改革开了先路，并使推广民众教育成为可能。火药的发明，削除了封建制度，创立了国民军制。指南针的发明，导致发现美

① 钱存训：《李约瑟中国科学技术史·第五卷：化学及相关技术·第一分册：纸和印刷》，1页，北京，科学出版社，上海，上海古籍出版社，2018。

洲，因而使全世界而不再是欧洲成为历史的舞台。这四种以及其他的发明，中国人都居重要的地位。"[1]

由张骞"凿空"开启的"丝绸之路"同样是中华文明的象征，是中国对人类的重大贡献。历史资料表明，能吐丝的蚕原产于中国。很晚以后，养蚕纺丝技术才传入波斯。从中国传入的丝绸即使到查士丁尼时代还很稀有，所以从前欧洲丝绸的价格等于黄金。[2] 通过丝绸之路，中国的丝织品被源源不断地运往波斯和大秦（罗马），成为当地贵族和民众争相抢购和消费的对象。丝绸之路开通以后，常常出现"一岁中使多者十余，少者五六辈，远者八九岁，近者数岁而反"的现象。历史表明，丝绸之路既是通商之路，也是世界性的文化交流和互鉴之路。正如习近平总书记所说："古丝绸之路跨越尼罗河流域、底格里斯河和幼发拉底河流域、印度河和恒河流域、黄河和长江

---

① ［美］卡特著，吴泽炎译：《中国印刷术的发明和它的西传》，9 页，北京，商务印书馆，1957。

② ［法］伏尔泰著，梁守锵译：《风俗论》上册，246 页，北京，商务印书馆，1994。

流域，跨越埃及文明、巴比伦文明、印度文明、中华文明
的发祥地，跨越佛教、基督教、伊斯兰教信众的汇集地，
跨越不同国度和肤色人民的聚居地。不同文明、宗教、种
族求同存异、开放包容，并肩书写相互尊重的壮丽诗篇，
携手绘就共同发展的美好画卷。"① 许多物品、技术、思想
和学术都是通过丝绸之路走向世界或来到中国的。丝绸之
路源自中国，但属于世界（见表 3.1）。

表 3.1　中国传到西方的机械和其他技术 ②

名　　　称	西方落后于中国的大致时间（以世纪计算）
（a）龙骨车	15
（b）石碾	13
用水力驱动的石碾	9
（c）水排	11
（d）风扇车和簸扬机	14

① 习近平：《习近平谈治国理政》第2卷，507页，北京，外文出版社，2017。
② ［英］李约瑟著，袁翰青等译：《李约瑟中国科学技术史》第1卷，253页，北京，科学出版社，上海，上海古籍出版社，2018。

名　　　　称	西方落后于中国的大致时间（以世纪计算）
（e）活塞风箱	约 14
（f）提花机	4
（g）缫丝机（锭翼式，以便把丝线均匀地绕在卷线车上，11 世纪时出现；14 世纪时应用水力纺车）	3—13
（h）独轮车	9—10
（i）加帆手推车	11
（j）磨车	12
（k）挽畜用的两种有效马具：胸带式	8
颈带式	6
（l）弓弩（作为个人的武器）	13
（m）风筝	约 12
（n）竹蜻蜓（用线拉）	14
走马灯（由上升的热空气流驱动）	约 10
（o）深钻技术	11
（p）铸铁	10—12
（q）常平悬架	8—9

续表

名　　　　称	西方落后于中国的大致时间（以世纪计算）
（r）弓形拱桥	7
（s）铁索吊桥	10—13
（t）河渠闸门	7—17
（u）造船和航运的许多原理	多于 10
（v）船尾舵	约 4
（w）火药	5—6
作为战争技术而使用的火药	4
（x）磁罗盘（天然磁石制成的匙）	11
磁罗盘针	4
航海用磁罗盘	2
（y）纸	10
印刷术（木版）	6
印刷术（活字版）	4
印刷术（金属活字版）	1
（z）瓷器	11—13

应该说，中华文明对世界的贡献是多方面的。英国科技史家李约瑟曾对中国的科技发明及其对人类的影响做过

大量的阐述。他坦承："在文艺复兴之前和期间，中国人在技术方面占据着非常支配的地位。""古代和中世纪那些默默无闻的中国工匠对世界的贡献远比亚历山大里亚的力学家和能说会道的理论家多得多。"[①] 至于其他方面的贡献，因篇幅所限，在此就不再一一列举了。

17世纪以后，西方开始了工业革命。生产力实现前所未有的飞跃。以英国为例：棉布产量从1796年的2100码增至1830年的34700万码，增长15.5倍。生铁产量从1796年的12.5万吨上升到1840年的142万吨，增长10.3倍。煤产量从1700年的260万吨增至1840年的3600万吨，增长12.8倍。1820年，英国工业生产占世界总产额的一半。之后，虽有些变化，但1840年仍占45%。[②] 西方主要国家的城市化以及铁路建设都远远超越当时的其他

① ［英］李约瑟著，张卜天译：《文明的滴定》，47页，北京，商务印书馆，2016。参见［英］李约瑟著，袁翰青等译：《李约瑟中国科学技术史》第1卷，251～254页，北京，科学出版社，上海，上海古籍出版社，2018。
② 庄解忧：《世界上第一次工业革命的经济社会影响》，载《厦门大学学报（哲学社会科学版）》，1985（4）。

国家（见表 3.2、表 3.3）。

表 3.2　法国、英国、德国三国城乡人口比例

	1851 年	1886 年	1911 年
乡村人口			
法国	74.5%	64.1%	55.8%
英国	47.8%	30.6%	21.9%
德国	63.9%	47.0%	40.0%
城市人口			
法国	25.5%	35.9%	44.2%
英国	52.2%	69.4%	78.1%
德国	36.1%	53.0%	60.0%

表 3.3　法、英、德三国铁路长度　　　　　（公里）

	法　国	英　国	德国（1871 年疆界）
1850 年	3000	10500	6000
1870 年	17500	24500	19500
1890 年	36500	33000	4300
1910 年	49500	38000	61000

　　在蓬勃发展的工业文明面前，中国落伍了。1840 年后，西方列强用炮舰打开了中国的大门，迫使当时的清政府签订丧权辱国的条约。面对落后挨打的被动局面，中国的仁

人志士以各种途径救亡图存，但都没有成功。1921 年 7 月，中国共产党的成立彻底改变了中国历史发展的方向。中华文明再次焕发出新的生机。中国人民在中国共产党的领导下，不但建立了中华人民共和国，而且赶上了时代发展的潮流，逐步走近世界舞台的中央。中国特色社会主义的伟大实践不断丰富着马克思主义的理论，为人类社会现代化建设提供了新的发展模式和中国智慧；长时段的经济发展和社会稳定在实现我国经济实力历史性跃升的同时，也为世界提供了丰厚的发展红利与创新经验；人民至上、生命至上理念的坚守以及全过程人民民主的实施为民主赋予了全新的内涵；生态文明制度体系的建设以及对山水林田湖草沙的一体化保护和系统治理，大大地丰富并发展了"天人合一"的文明观，为和谐世界建设提供了中国方案；中国特色大国外交的推进以及坚定维护国际公平正义，旗帜鲜明地反对一切霸权主义和强权政治，有力地推动了人类命运共同体的构建。可以肯定，立志为世界谋大同的中华民族，必将以更多的文明成果奉献人类，惠及天下。

三、中华民族伟大复兴的重大价值

1840 年以来，中国除政治、经济上落后挨打以外，中华文明也饱受质疑。然而中华文明自强不息的超强内动力，又使其薪火不断并迅速迎来中华民族伟大复兴的重大历史机遇。中华文明再次渡过了险遭中断的危险期。

就欧洲而言，文艺复兴对西方影响巨大；就中国而言，我们现在所从事的中华民族伟大复兴事业，对中国甚至世界同样意义非凡。但两者相比，有着明显的不同，主要体现在两个方面。

第一，文艺复兴是断裂当中的复兴，中华民族伟大复兴则是发展当中的复兴。

恩格斯曾经说过："拜占庭灭亡时抢救出来的手稿，罗马废墟中发掘出来的古典古代雕像，在惊讶的西方面前展示了一个新世界——希腊古代；在它的光辉的形象面前，中世纪的幽灵消逝了；意大利出现了出人意料的艺术繁荣，这种艺术繁荣好像是古典古代的反照，以后就再也不曾达到过。"①也就是说，文艺复兴的起点是拜占庭灭亡时抢救出来的手稿以及罗马废墟当中发掘出来的古典古代的雕像。文艺复兴是在遗产基础上的复兴。从严格意义上讲，古希腊、罗马古典文明并不是近代西欧各国文明的母体，文艺复兴是在古典遗产上的创造，是碎片上的承传，是局部基础上的重新构建。

中华文明复兴是发展当中的复兴，其历史渊源深厚，现实基础广泛，是传承中的复兴、承传中的创造，既肩负时代的使命，也承载着历史的责任。这里说的"传承"有上往下传、前往后传之意，传者更显主动；而"承传"则是下接上、后接前，下与后更主动。"传"与"承"是双方的互动。光有"传"没有"承"不行，光有"承"没有"传"也不行。中华民族伟大复兴是近代以来中国人民最伟大的创举。这种传承中的复兴在世界文明发展史上是绝无仅有的。

---

① 中共中央马克思恩格斯列宁斯大林著作编译局编：《马克思恩格斯选集》第 4 卷，261 页，北京，人民出版社，1995。

　　第二，中华民族的伟大复兴是和平的复兴，文艺复兴开启的是资本主义文明，两者有着本质的不同。

　　中华民族的复兴不是依靠侵略或损害他国利益来壮大自己的结果，而是依靠自身力量奋发图强的结果。看看西方，资本主义发展起来的历史充满着血腥掠夺。据亨廷顿统计，1800年，欧洲人或前欧洲的殖民地（在南美和北美）控制了地球表面土地的35%，1878年控制地球表面土地的数字达到了67%，1914年这个数字增至84%。1920年，当奥斯曼帝国被英国、法国和意大利瓜分的时候，这个比例进一步提高。1800年英帝国包括150万平方英里的土地和2000万人口。100年后，英国已经成为"日不落"帝国，领土面积达1100万平方英里，人口达3.9亿。在欧洲扩张的过程中，安第斯和中美洲文明被无情地消灭了，印度文明和伊斯兰文明同非洲文明一起被征服，中国受到渗透并从属于西方的影响。① 西方资本主义的这种掠

<hr />

① 　［美］塞缪尔·亨廷顿著，周琪等译：《文明的冲突与世界秩序的重建》，36页，北京，新华出版社，2002。

夺侵略扩张，跟中华民族的和平崛起完全是两个概念。西方资本主义追求的是"占有"和"支配""以邻为壑""零和博弈"，而中国人坚守的则是"己所不欲，勿施于人"，"无偏无党，王道荡荡"。西方人有侵略扩张的传统。这个传统来自何处？来自古代的罗马人，罗马是西方搞帝国主义的祖师爷。中华民族则历来热爱和平，没有搞帝国主义的文化基因。

中华民族的伟大复兴，除了为我们的民族、国家和社会做贡献以外，还为世界提供了很多经验和机会。"一带一路"倡议就是中国智慧对人类做出的重大贡献。从理念上说，"一带一路"建设秉持的是共商、共建、共享原则，不是封闭的，而是开放包容的；不是中国一家的独奏，而是沿线国家的合唱；"一带一路"建设不是要替代现有地区合作机制和倡议，而是要在已有基础上，推动沿线国家实现发展战略相互对接、优势互补。从现实来说，"一带一路"建设不是空洞的口号，而是看得见、摸得着的实际举措，将给沿线国家带来实实在在的利益，已经并将继续促进人类的和平与进步。

四、世界文明新形态的开辟 —— 中国式现代化新道路

现代化建设是近代以来世界历史发展的潮流。它肇始于西方，中国虽是后来者，却成功地创造了人类历史上后来者居上的奇迹。

1979 年 12 月 6 日，邓小平在会见日本首相大平正芳时首先用"小康"来阐释中国式现代化概念。他指出，"我们要实现的四个现代化，是中国式的四个现代化。我们的四个现代化的概念，不是像你们那样的现代化的概念，而是'小康之家'"[①]。1984 年 3 月 25 日，邓小平又进一步阐明，"翻两番、小康社会、中国式的现代化，这些都是我们的新概念"[②]。经过数代中国人的努力，至 2021 年 7 月 1 日，

① 《邓小平文选》第 2 卷，237 页，北京，人民出版社，1994。
② 《邓小平文选》第 3 卷，54 页，北京，人民出版社，1993。

也就是中国共产党成立 100 周年之际，习近平总书记在天安门城楼正式向世界宣布，中国已经全面建成小康社会。小康社会的全面建成谱写了世界现代化建设史上新的中国篇章，是中华民族强起来的重要标志。

（一）中国式现代化新道路

从"小康之家"的提出到小康社会的全面建成，中国人民足足奋斗了 40 余年。而这 40 余年的奋斗不但改变了中国历史的发展进程，而且为世界留下了一条堪称神奇的"中国式现代化新道路"。

中国式现代化新道路立足于中国共产党和中国政府的正确领导与决策，是通过合理发挥政府作用和市场作用、合理利用"看不见的手"和"看得见的手"、合理利用国内和国外两大资源而取得的伟大成就。顶层设计、对内搞活、对外开放、精准发力、科学推进，把自然、人力与财经资源都发挥到了极致。尤其是进入新时代以来，中国

的进步可谓创造了世界奇迹。国内生产总值从五十四万
亿元增长到一百一十四万亿元，我国经济总量占世界经
济的比重达百分之十八点五，提高七点二个百分点，稳
居世界第二位；人均国内生产总值从三万九千八百元增
加到八万一千元。谷物总产量稳居世界首位，十四亿多
人的粮食安全、能源安全得到有效保障。城镇化率提高
十一点六个百分点，达到百分之六十四点七。制造业规
模、外汇储备稳居世界第一。建成世界最大的高速铁路
网、高速公路网。① 人工智能、杂交水稻、高铁技术、载
人航天、卫星导航、"玉兔号"月球探测、"蛟龙号"载人
深海潜水器、量子信息、中西医研究与实践都有了突破性
的进展。

　　中国式现代化新道路立足于广袤的中国大地，既代表
中国人民的共同心愿，更是十多亿中国民众共同参与的伟

---

① 习近平：《高举中国特色社会主义伟大旗帜　为全面建设社会主义现代化国家
　　而团结奋斗——在中国共产党第二十次全国代表大会上的报告（2022 年 10 月
　　16 日）》，载《人民日报》，2022-10-26。

大实践，是艰苦创业、发愤图强的结晶。几乎所有人、所有家庭、所有单位，都自觉地投身于当代中国最伟大的社会变革之中，奉献自身的聪明才智，形成历史上从未有过的磅礴力量。每个劳动者都在各自的岗位上扮演着看起来很简单但其实很重要的角色。他们是中国式现代化新道路的探索者、实践者和贡献者，是中国智慧的创造者和中国力量的杰出代表。群众的主动、广泛参与使中国的现代化带有鲜明的人民特色。

在这个过程中，中国的教育界起了十分重要的作用。以高等教育为例，据 2017 年和 2020 年《全国教育事业发展统计公报》提供的数据，1978 年，全国高等学校在学人数为 228 万人，2017 年增至 3779 万人，至 2020 年则增至 4183 万人。高等教育在中国式现代化道路的建设中贡献卓著。它不但增加了国民的就学数量，而且大大地提升了劳动者的知识素质（见图 3.1、图 3.2）。

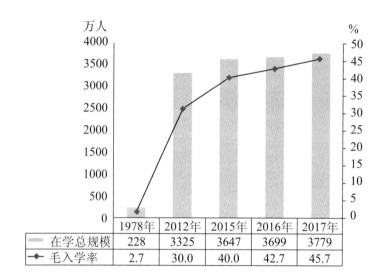

图 3.1　1978 年、2012 年、2015—2017 年

高等教育在学总规模和毛入学率

资料来源:《全国教育事业发展统计公报》(2017 年)

　　纵观改革开放以来的整个历史发展过程,我们确实能够发现,人民是中国现代化的推动者,也是中国现代化的主力军。人民的参与以及现代化成果的丰硕和共享,充分展示了全过程人民民主的优越性。民主需要看嘴上讲的,需要看制度设定的,但更需要看制度的成效,看过程与结果。实践是检验民主成功与否的唯一标准,结果是检验民

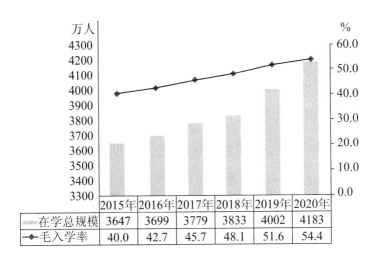

图 3.2 "十三五"时期高等教育在学总规模和毛入学率

资料来源:《全国教育事业发展统计公报》(2020 年)

主成功与否的核心指标。

中国式现代化新道路立足于共同发展、共同富裕。解决地区、城乡和收入上的三大差距是中国式现代化的必然要求。从推动区域协调发展大战略的实施到加强区域合作、优化产业布局、拓展对内对外开放新空间大布局的落实,走区域协同发展、共同发展之路;从绿水青山就是金山银山到乡村振兴,走城乡融合发展、城乡共同繁荣之路；从中华民族一家亲到铸牢中华民族共同体意识，走各民族共同繁荣、共同富裕之路：处处体现着社会主义的本质特征。以五个自治区和贵州、云南、青海三个多民族省份（以下简称"民族八省区"）这些年来的发展为例：2020年，民族八省区在党和政府的正确领导下，生产总值已达10.4万亿元，占全国的10.3%；民族八省区农村居民人均可支配收入1.35万元，比2010年增长了3.2倍。^①中国打赢了人类历史上规模最大的脱贫攻坚战，全国八百三十二个贫困县全部摘帽，近一亿农村贫困人口实现脱贫，九百六十多万贫困人口实现易地搬迁，历史性地解决了绝对贫困问题。^②其发展速度之快，建设成效之明显，令世人震惊，共同富裕之花正以烂漫之势开遍中国各地。

① 参见姜洁、李昌禹：《中华民族一家亲 同心共筑中国梦》，载《人民日报》，2021-08-26。
② 习近平：《高举中国特色社会主义伟大旗帜 为全面建设社会主义现代化国家而团结奋斗——在中国共产党第二十次全国代表大会上的报告（2022年10月16日）》，载《人民日报》，2022-10-26。

中国式现代化新道路立足于中国 5000 多年优秀的文化传统，是马克思主义原理与中国传统优秀文化相结合的重要成果。中国是一个有悠久历史文化传统的大国，浩如烟海的中华文化中沉淀着中国人的精神信仰与追求，灿烂的中华文化是中国人独有的精神家园，是中国人宝贵的发展优势。中国的现代化不是某一单个领域的现代化，而是经济、政治、文化、社会、生态等综合领域的现代化。以经济发展带动国家的全面进步，以政治民主确保人民当家作主，以文化建设促进人的全面发展，以社会稳定保障民生的改善，以生态建设平衡人与自然的和谐共生，这些举措表明马克思主义的现代化理论在中国得到了充分的发展。实践表明，中国式现代化新道路更注重人的现代化，更重视文化在人的现代化过程中的核心地位，更尊重人在现代化发展过程中所发挥的重大作用。

中国式现代化新道路创造了中国经济的腾飞，创造了中国社会的长期稳定，创造了国家综合国力的大幅提升。中国现代化在物质力量不断发展的同时，也将精神力量提升到了新的高度。中华优秀文化正以勃勃的生机滋养着中华民族的伟大复兴。

（二）中国式现代化新道路的世界意义

中国式现代化新道路所取得的成就光辉灿烂、举世瞩目，在人类历史上绝无仅有，有着重大的世界意义。

中国式现代化新道路与世界历史上众多国家的现代化道路完全不同，它不是依靠武力侵略或损害他国利益的结果，也不是靠对弱小民族的广泛剥削和压迫来实现的，而是全体中国人民自觉奋进的结果。主张"占有""自恃"和"支配"的西方价值理念①与中国的文化传统不符。在中国的传统价值观中，"和而不同"是重要的核心理念。中国没有帝国主义发展国家经济的文化特质，也没有殖民和侵略他国的传统，这一点与西方完全不同。正如杰弗里·帕克

---

① 参见［英］罗素著，杨发庭等译：《罗素论中西文化》，32、89页，北京，北京出版社，2010。

所言："'西方的兴起'在很大程度上依赖于使用武力，依赖于下述事实：欧洲人及其海外对手之间的军事力量对比稳定地倾向于有利于前者；……西方人在 1500—1750 年期间成功地创造出第一个全球帝国的要诀，恰恰在于改善了发动战争的能力，它一直被称为'军事革命'。"① 亨廷顿等认为，西方军队的组织、纪律和训练方面的优势，以及随后因工业革命而获得的武器、交通、后勤和医疗服务方面的优势，大大助长了西方的扩张。西方赢得世界不是通过其思想、价值或宗教的优越（其他文明中几乎没有多少人皈依它们），而是通过它运用有组织的暴力方面的优势。②

中国式现代化新道路为全人类消除绝对贫困提供了新路径，让正在探寻现代化发展道路的国家看到了新的希望。中国是一个发展中国家，各地的发展基础各不相同，发展不平衡是中国的重要国情之一。改革开放以来，

---

① ［英］塞缪尔·亨廷顿著，周琪等译：《文明的冲突与世界秩序的重建》，37 页，北京，新华出版社，2002。

② 参见［英］塞缪尔·亨廷顿著，周琪等译：《文明的冲突与世界秩序的重建》，37 页，北京，新华出版社，2002。

尤其是 2012 年以来，中国共产党针对中国现实，提出补短板，着力解决发展不平衡问题，强调全面建成小康社会，明确"小康"讲的是发展水平，"全面"讲的是发展的平衡性、协调性、可持续性。[①]"经过 8 年持续奋斗，到 2020 年底，中国如期完成新时代脱贫攻坚目标任务，现行标准下 9899 万农村贫困人口全部脱贫，832 个贫困县全部摘帽，12.8 万个贫困村全部出列。"[②]中国打赢了脱贫攻坚战，占世界人口近五分之一的中国全面消除了绝对贫困，成为世界上减贫人口最多的国家，取得了人类历史上极其了不起的成就。中国在脱贫攻坚战中，实行的精准扶贫方略，采取的"发展生产、易地搬迁、生态补偿、发展教育、社会保障兜底"有效政策性措施，以及"做到脱贫到人，脱没脱贫要同群众一起算账，要群众认账"的严格

[①]　参见习近平：《习近平谈治国理政》第 2 卷，78 页，北京，外文出版社，2017。

[②]　中华人民共和国国务院新闻办公室：《人类减贫的中国实践》，13 页，北京，人民出版社，2021。

评估①，既提高了脱贫工作的效率，更为其他发展中国家实现现代化提供了全新的成功经验。

中国式现代化新道路是一条富民之路，也是给世界经济带来发展机遇的、惠及世界各国人民的友好之路。中国离不开世界，世界也离不开中国。开放的中国从世界各国学到了众多富有成效的经验，从人类文明中借鉴了众多解决复杂问题的方法与手段。富强起来的中国也积极投身于人类命运共同体建设，用中国方案解决相关的发展问题，用中国智慧构建人类命运共同体理念，秉持和平发展、公平正义、民主自由的人类共同价值，实施"一带一路"合作计划，支持并顺应"一带一路"沿线国家推进工业化、现代化和提高基础设施水平的迫切要求，让世界搭乘中国经济发展的"快车""便车"，为共同推进世界经济的发展奉献力量。

中国式现代化新道路开创了人类文明的新形态。它"不

---

① 习近平：《习近平谈治国理政》第 2 卷，85 页，北京，外文出版社，2017。

是简单延续我国历史文化的母版，不是简单套用马克思主义经典作家设想的模板，不是其他国家社会主义实践的再版，也不是国外现代化发展的翻版"①。在中国式现代化新道路开创过程中产生的中国特色社会主义理论，是来自中国大地上的伟大创造，是对马克思主义现代化理论的新发展，是马克思主义中国化时代化的最新成果，是中国全面建成社会主义现代化国家的指导思想，对于全人类推进现代化建设具有重要的借鉴意义。

100 年前，英国大哲学家罗素曾就中华民族发表过这样的判断，他说："到目前为止，我仅发现一个答案：中华民族是世界上最有忍耐力的民族；当其他民族在考虑几十年的事情时，他却目光长远地考虑到几个世纪以后。这种耐心从本质上不可磨灭，也经得起时间的考验。"②100年的实践证明，中华民族不仅具有顽强的忍耐力，具有长

① 习近平：《在纪念马克思诞辰 200 周年大会上的讲话》，26～27 页，北京，人民出版社，2018。

② ［英］罗素著，杨发庭等译：《罗素论中西文化》，35 页，北京，北京出版社，2010。

远的历史眼光，而且具有无限的创造力。中国在 40 余年间创造的奇迹，绝不是空中楼阁，而是客观的存在，是历史的必然。现在，经过 5000 多年文明洗礼的中华民族正以全新的姿态昂扬奋进在全面建成社会主义现代化强国的大道上。这是一条光明之道、文明之道、胜利之道。

从历史和实践中走出来的中国式现代化新道路具有广阔的发展前景。它创始于中国，并必将对世界产生巨大的影响。

第四章
中华文明连续不中断的关键文化因素

"中华文明源远流长、博大精深，是中华民族独特的精神标识，是当代中国文化的根基，是维系全世界华人的精神纽带，也是中国文化创新的宝藏。"① 文化是一个民族的根与魂，从关键文化因素入手思考问题，更能理解中华文明的伟大，更能说明中华文明的可持与可久。

应该说，大家对文明史中的"变"关注得很多，但是对文明史中的"不变"关注得不多。所谓"不变"，就是

---

① 习近平：《把中国文明历史研究引向深入　增强历史自觉坚定文化自信》，载《求是》，2022（14）。

指历史中长期存在的基因。这些基因早期和现在基本一样，或者说核心内涵基本没变。这些"不变"恰恰对中华民族精神的形成意义重大，是中华文明延续不断的重要因素。概括而言，这些因素主要包括以下几个方面。

第一，以中原文化为核心的多元汇聚的文化合力。

中华文明发端于地球的东方。优越、多样的地理环境为中华文明提供了广阔的发展空间与活动舞台。中华文明既有农耕文明的内涵，也有草原和海洋文明的要素，同时还有吸收内化了的外来文化，是多元汇聚的结果。

在农业经济占主导地位的时代，大河流域常常是人类最佳的聚居地，是经济上最发达的地区，也是古代国家最重要的粮食产地和国家税收的主要来源地。世界上几大原生文明基本上都产生于大河流域。大约在公元前 5 世纪，西方历史学之父希罗多德就已经意识到这一问题的重要性，并为后世留下了一张非常珍贵的波斯帝国的税单。在这张税单里，我们能够发现大流士一世时期波斯帝国全国税收的年总额约为 14560 埃乌波亚塔兰特（见表 4.1），而

印度河流域所缴的税是 4680 埃乌波亚塔兰特，两河流
域地区所缴的税是 1270 埃乌波亚塔兰特，古代埃及所
缴的税是 893 埃乌波亚塔兰特。这几大河流流域恰好是
催生古代埃及、两河流域以及印度河三大原生文明的中
心。它们的征税额约为 6843 埃乌波亚塔兰特，占波斯
帝国总税额的近一半。[①]大河流域农耕文明的重要性由此
可见。

表 4.1　波斯帝国各省税收表

税区	居民	税额 / 年
第一	亚细亚的伊奥尼亚人与玛格涅希亚人、爱奥里斯人、卡里亚人、吕奇亚人、米吕阿伊人和帕姆庇利亚人	400 塔兰特 =510 埃乌波亚塔兰特
第二	美西亚人、吕底亚人、拉索尼欧伊人、卡巴里欧伊人和叙根涅伊司人	500 塔兰特 =638 埃乌波亚塔兰特

① ［古希腊］希罗多德著，王以铸译：《历史》，236 ～ 238 页，北京，商务印书馆，1997。

续表

税区	居民	税额／年
第三	海列斯彭特人、普里吉亚人、亚细亚的色雷斯人、帕普拉哥尼亚人、玛利安杜尼亚人和叙利亚人	360 塔兰特 =459 埃乌波亚塔兰特
第四	奇里启亚人	500 塔兰特 =638 埃乌波亚塔兰特；360 匹白马
第五	波西迪昂市为始点，除开阿拉伯人的领土（因为他们是免税的），直到埃及的地区	350 塔兰特 =638 埃乌波亚塔兰特
第六	埃及与埃及接壤的利比亚、库列涅及巴尔卡	700 塔兰特 =893 埃乌波亚塔兰特
第七	撒塔巨达伊人、健达里欧伊人、达迪卡伊人、阿帕里塔伊人	170 塔兰特 =217 埃乌波亚塔兰特
第八	苏撒和奇西亚人的其他地区	300 塔兰特 =383 埃乌波亚塔兰特
第九	巴比伦和亚述的其他地方	1000 塔兰特 =1270 埃乌波亚塔兰特；500 名充任宦官的少年

续表

税区	居民	税额 / 年
第十	阿格巴塔拿和美地亚其他地区，包括帕利卡尼欧伊人、欧尔托科律般提欧伊人	450 塔兰特 =572 埃乌波亚塔兰特
第十一	卡斯披亚人、帕乌西卡伊人、潘提玛托伊人及达列依泰伊人	200 塔兰特 =255 埃乌波亚塔兰特
第十二	从巴克妥拉人的地方直到埃格洛伊人的地方	360 塔兰特 =459 埃乌波亚塔兰特
第十三	帕克图伊卡、阿尔美尼亚以及直到黑海的接壤地区	400 塔兰特 =510 埃乌波亚塔兰特
第十四	撒伽尔提欧伊人、萨朗伽伊人、塔玛奈欧伊人、乌提欧伊人，米科伊人及国王使所谓"强迫移民"所定居的红海诺岛的居民	600 塔兰特 =766 埃乌波亚塔兰特
第十五	撒卡依人和卡斯披亚人	250 塔兰特 =319 埃乌波亚塔兰特
第十六	帕尔提亚人、花拉子米欧伊人、粟格多伊人和阿列欧伊人	300 塔兰特 =383 埃乌波亚塔兰特

续表

税区	居民	税额 / 年
第十七	帕利卡尼欧伊人和亚细亚的埃西欧匹亚人	400 塔兰特 =510 埃乌波亚塔兰特
第十八	玛提耶涅人、撒司配列斯人、阿拉罗狄欧伊人	200 塔兰特 =255 埃乌波亚塔兰特
第十九	莫司科伊人、提巴列诺伊人、玛克罗涅斯人、摩叙诺依科伊人以及玛列斯人	300 塔兰特 =383 埃乌波亚塔兰特
第二十	印度人	3668 塔兰特 =360 塔兰特砂金 =4680 埃乌波亚塔兰特
全国税收总数		11411 塔兰特 =14560 埃乌波亚塔兰特

说明：1 塔兰特 =1.276 埃乌波亚塔兰特；本表根据希罗多德《历史》所提供的相关内容制作而成。参见［古希腊］希罗多德著，王以铸译：《历史》，236 ～ 238 页，北京，商务印书馆，1997。

中华文明也诞生于黄河与长江等大河流域。这里具有"生物受气正，其人性和而才惠，其地产厚而类繁"等特点，非常便于中华各民族间的交往、交流、交融，非常便于各不同民族文化上的相互学习与整合，非常便于凝聚、组合成经济上有联系、文化上有认同、人数上占明显优势的核心民族。中国大河流域土地之广袤、生态之多元、气候之适宜皆远远超过世界上的其他平原。黄河和长江流域不但滋养了无数中华儿女，而且培育了让每一位中华儿女倍感自豪的中华文明。它似巨大的吸盘，不断地吸纳更多的周边力量。这显然与中国的自然环境有关。中国的自然条件相当独特，东、南临海，北为沙漠，西和西南有高山，西高而东低，周边各民族如北部的草原民族、西部的高原民族等向内地平原地区发展比向外发展要便利得多。从历史情况看，内聚是发展的趋势，交融是发展的必然。周边任何一个游牧民族只要踏进以中原为中心的农耕区，就会与农耕文化迅速交融，成为中原文明的一分子。① 与其他文明相比，中国农耕文化的舞台更广阔，凝聚的规模

---

① 参见费孝通：《中国文化的重建》，28 页，上海，华东师范大学出版社，2014。

也更大，更明显。据研究，古代两河流域鼎盛时期，可灌溉的农田面积在1.5万～2万平方公里之间。^①古埃及尼罗河流域的灌溉面积不会超过4万平方公里^②；而古代中国黄河流域的灌溉面积为70万～80万平方公里，加上长江、珠江等流域，总体面积则达500万平方公里^③。宽广、富饶的农耕文化舞台，有助于核心民族的聚合与发展。据记载，到西汉末年，汉朝的核心民族——汉族已有近6000万人，是当时世界上最大的族群。^④西汉末年的人口数与同期罗马差不多。但汉朝与罗马帝国的人口结构却有明显不同。罗马的核心民族罗马人人数较少，始终在600万左右，约占整个帝国居民数的十分之一，而汉朝刚好相反。^⑤罗马是地中海地区文明的发达国家。罗马尚且如此，

① 参见温铁军等：《从农业1.0到农业4.0：生态转型与农业可持续》，48页，北京，东方出版社，2021。
② 参见冯天瑜等：《中华文化史》（上），29页，上海，上海人民出版社，2021。
③ 参见冯天瑜等：《中华文化史》（上），30页，上海，上海人民出版社，2021。
④ 参见袁祖亮：《中国人口通史3：秦西汉卷》，63页，北京，人民出版社，2012。
⑤ 参见袁延胜：《中国人口通史4：东汉卷》，346～391页，北京，人民出版社，2007。这与罗马完全不同。在罗马帝国，无论是西哥特人还是汪达尔人，到了意大利以后，都待不了多久就撤离了。

其他民族的人数则更少。①

　　早在19世纪，黑格尔曾自豪地认为，地中海是"世界历史"的中心地区。"号称历史上光芒的焦点的希腊便是在这里。在叙利亚则有耶路撒冷——犹太教和基督教的中心点。它的东南部则有麦加和麦地那，乃是伊斯兰教徒信仰的摇篮地。迤西则有特尔斐和雅典，更西则有罗马还有亚历山大里亚和迦太基也在地中海上。所以地中海是旧世界的心脏，因为它是旧世界成立的条件，和赋予旧世界以生命的东西。没有地中海，'世界历史'便无从设想了：那就好像罗马或者雅典没有了全市生活会集的'市场'一样。"② 黑格尔把地中海确定为"世界历史"的中心区，这显然不符合事实，是"欧洲中心论"的明显表露。辩证地

---

① 罗马在帝国时期的人口为5400万左右。Julius Beloch, *Die Bevolkerung der Griechich-Romischen Welt*, Leipzig, Verlag von Duncker and Humblot, 1886, p. 507. 据统计，到18世纪，整个意大利至达尔提亚的人数为1000万人。参见［法］伏尔泰著，梁守锵译：《风俗论》上册，243页，北京，商务印书馆，1994。埃及的人口总数更少，也就600万左右。

② ［德］黑格尔著，王造时译：《历史哲学》，93页，上海，上海书店出版社，1999。

看，地中海确有成就黑格尔所说的地区和国家发展之效，但也有阻止它们做强做久之实。黑格尔上面所提到的地中海沿岸地区和国家，大多都没有直接进入现代国家，缺少长时段连续发展的历史。与地中海世界不同，中华文明因内含农耕、草原和海洋等多种文明而兴旺发达。中华文明因扎根广阔的中华大地而传承数千年绵亘不绝。

第二，自强不息、厚德载物的精神特质。

"天行健，君子以自强不息；地势坤，君子以厚德载物。"《易经》里的这句话是什么意思呢？这句话的意思就是：君子应该像天的运行那样刚健有为，永不停息；君子应该像地负万物一样，厚实和顺，容载万物。这也是中华文化的一个特征——将个人作为发展的基础，无论是做人做事都立足于提高自身的修养。《大学》中说："自天子以至于庶人，壹是皆以修身为本。"《中庸》里讲："知所以修身，则知所以治人；知所以治人，则知所以治天下国家矣。"所以，修身是齐家治国平天下的前提，立足点就在个人。当取得胜利时，我们居安思危，不骄傲自满；当遇到困难时，我们躬身自省，反求诸己，寻找出路。

关于这一点，在中西神话传说中也能看得很清楚：中国的传说中，火是人经过钻木摩擦得来的，给大家带来光明，带来方便；西方的神话中，火是神创造的，是普罗米修斯从宙斯身边偷出来为民间服务的。中国的传说中，"大禹治水"靠的是在实践当中寻求方法，解决洪水问题；西方的"诺亚方舟"故事里，诺亚之所以得救，靠的则是上帝的启示。中国本土的主流文化没有上帝或救世主这个概念，战胜困难靠的是自强不息、厚德载物的精神，靠的是在实践当中增长的智慧。这种精神非常重要，靠自己解决问题，无论是失败的时候还是胜利的时候都是如此。

习近平总书记指出："我们民族有一脉相承的精神追求、精神特质、精神脉络。"[①] 这种精神支柱是中国人之所以成为中国人的重要力量，也是中华文明绵延不断、经久

① 习近平：《习近平谈治国理政》，181页，北京，外文出版社，2014。

不衰的内在动力。

第三，尊师重道的文化传统。

要传承必须有教育。孟子有句话："人之有道也，饱食、暖衣、逸居而无教，则近于禽兽。"所以，在中国的传统文化当中，老师的地位极高。秦时，"以吏为师"。汉时，创立太学和郡学，讲授"五经"，太学和郡学逐渐成了全国大大小小的文化中心。所谓"国将兴，必贵师而重傅"，"人有三尊，君、父、师是也"等，都说明中华民族有尊师的文化传统。"天地君亲师"是每个家庭必须叩拜的对象。"耕读传家久"，就是中国人真实思想的反映。

在传承途径方面，孔子打破了贵族对学校教育的垄断，提倡"有教无类"，开办了中国第一所民间学校，知识得以往外传播。司马迁赞叹孔子"可谓至圣矣"，充分肯定他的教育事业对中国文明做出的巨大贡献。可是，孔子的老师在哪儿？卫国的公孙朝曾问过这个问题。子贡回答："文武之道，未坠于地，在人。贤者识其大者，不贤者识其小者，莫不有文武之道焉。"①周文王和周武王这些圣贤立的规矩、优秀的东西没有埋没在地下，而是通过人来传承的。聪明人先知先觉，记住了大的道理，而一般人记住了小一些的知识。每个人身上都能够传承一些"文武之道"。可见，中华文化就是在普通人之间不断传播的，具有传承的广泛性和有效性等特点。中华文明找到了传承"文武之道"的途径：一个是传人，师傅传徒弟，一代一代地往下传；一个是传家，集中整个家族的资源培养子孙后代，将这作为家族兴旺的必要任务。宋代以后，书院教育已很普遍，接受中华文明教育的人越来越多。中华文明正因为传人传家，所以具有很强的内在力量，根扎得很深。传"道"者都有强烈的责任感与使命感。从先秦一直到现在，中国的学统始终没有改变。

第四，开放包容的民族品德。

中国人对待其他文化的态度是开放的，是包容的。其

----

① 《论语·子张》，见杨伯峻译注：《论语译注》，203～204页，北京，中华书局，1982。

立足点是通过学习他人来提升自己。"有朋自远方来，不亦乐乎"，这是中国人的态度。据载，贞观十二年（公元638）七月，唐太宗对传入中国的基督教"聂斯脱里派"曾下过一道诏书，其中说："道无常名，圣无常体。随方设教，密济群生。"大意是：宗教不一定有统一的名字，信奉的对象也不一定有同样的名称，但只要"密济群生"，能够给民众带来好处，都可以传教。为此，被西方基督教判为"异端"的景教也平稳地在唐朝扎下了根。中华文明博大的"开放包容"精神以及"和而不同"的处世原则由此可见。

美国国际政治学者亨廷顿认为，一种文明和一个人一样，要自我认识、自我确证，就需要树立一个与自己对立的"他者"；"憎恨是人之常情，为了确定自我和找到发展的动力，人们需要敌人"，"除非我们憎恨非我族类，我们便不可能爱我族类"。古罗马的一批政治家认为，如果要长治久安，必须树立一个对手，没有对手很容易使自己安逸下去，并最后被别人灭掉。美国的外交政策就继承了这一思想。所以，每个时间段，美国肯定要设一个或多个假想敌。

中华文明不但对外有开放性，对内也有较大的开放性：阶层之间开放，上下可以流动。从历史上看，新生的力量很早就在发挥作用。战国时期，主持各诸侯国变法的商鞅、吴起等，大都不是本诸侯国人。"中国从汉以下，国民参政，均有一种特定的制度。汉制先入学校受教育，毕业后进入政府历练办事，做事务官，当时称作'吏'。待他练习实际行政有经验，有相当成绩，便得推举到朝廷，再经一度考试，才正式做政务官。至于官阶高低，则由其服官后成绩来升降。魏晋南北朝以下，此制有变动，但大体总有一制度。唐以后直到清代，便是有名的科举制。所以中国自汉以后，固然有皇帝，但并没有封建贵族。又并没有由资本家变相而来的财阀贵族。做官人都由民众里面挑选受教育有能力的人来充当，并在全国各地平均分配。"①

◇◇◇◇◇◇◇◇◇◇◇◇◇◇◇◇◇◇◇◇

① 钱穆：《中国文化史导论》（修订本），241～242页，北京，商务印书馆，1994。

很显然，从汉代以后，尤其是隋朝设立科举制度至清代，一般人通过科举就有可能成为国家的管理者。这是和西方不一样的地方。西方普通人要获取政治权力主要靠的是财富，有财产的第一等级，就有更多的机会获取政治上的发展；中国人则是通过知识，通过个体努力考取功名等模式进入权力机构。所以，这是完全不同的两条路径。中国人才政策的开放性既有助于新生力量的成长和培养，也有助于中华文明的连续性发展。

中华文明开放包容的特性，让我们能够尊重其他民族不同的生活方式和思维方式，通过学习他人的优点长处更新自我，丰富自身。许多原先不属于我们传统的文化，只要一传入，就会被交融，被吸纳，被提升，变成我们自己的东西，成为中国文化非常重要的组成部分。

总之，中华文明连续不中断的原因是多方面的，除了政治、经济、社会等因素以外，还有很重要的文化因素。总结好、阐释好、传承好中华民族优秀传统文化，是当代学者的重要职责。

习近平总书记在党的二十大报告中明确指出："从现在起，中国共产党的中心任务就是团结带领全国各族人民全面建成社会主义现代化强国、实现第二个百年奋斗目标，以中国式现代化全面推进中华民族伟大复兴。"[①] 中华民族的伟大复兴深深扎根于 5000 多年的文化传统，是中华文明发展中的复兴，承传中的升华，开放中的飞跃，具有深厚的历史渊源、广阔的现实基础和深远的世界意义，比历史上任何一次复兴都深刻、都伟大。因为它顺乎历史潮流，合乎发展规律，必将极大地丰富中华文明的内涵，推动中华文明的发展，为世界添彩，为文明增色。

---

① 习近平：《高举中国特色社会主义伟大旗帜　为全面建设社会主义现代化国家而团结奋斗——在中国共产党第二十次全国代表大会上的报告（2022 年 10 月 16 日）》，载《人民日报》，2022–10–26。

余论一
坚定历史自信 把握文明定力
全面推进中华民族共同体建设

我们伟大的祖国历史悠久、文化灿烂，已经连续走过了5000多年文明的历程；我们伟大的中华民族生生不息、绵亘不绝，不仅用艰辛的劳动雕塑着迷人的中华家园，而且用超常的智慧创造出无数的世界奇迹。我们为中华民族顽强的生命力而自豪，我们为中华民族旺盛的创造力而自豪，我们为中华各族在长期奋斗中凝聚起来的团结如一、勇敢向未来的伟大同心力而自豪。

历经艰难险阻的中华儿女深深懂得，"观今宜鉴古，无古不成今"。优秀的传统文化是我们立足之魂，鲜活的历史经验是我们发展之基。历史是最深刻的国情。历史与现实不能分离，更不能割裂。

100 多年来，中国共产党始终坚持马克思主义的历史主义分析方法，继承并发扬中华民族尊史崇史、学史治史这一优良传统，从历史中得到启迪、增强定力。

早在 1938 年 10 月，毛泽东同志就号召中国共产党人："今天的中国是历史的中国的一个发展；我们是马克思主义的历史主义者，我们不应当割断历史。从孔夫子到孙中山，我们应当给以总结，承继这一份珍贵的遗产。"[①] 中华人民共和国成立后，毛泽东同志一再告诫大家："如果要看前途，一定要看历史"，"我们看历史，就会看到前途"。[②] 邓小平同志指出："我们是历史唯物主义者，研究和解决任何问题都离不开一定的历史条件。"[③] 江泽民同志告诫我们："一个民族如果忘记了自己的历史，就不可

① 《毛泽东选集》第 2 卷，534 页，北京，人民出版社，1991。
② 《毛泽东文集》第 8 卷，383、385 页，北京，人民出版社，1999。
③ 《邓小平文选》（一九七五——一九八二年），114 页，北京，人民出版社，1983。

能深刻地了解现在和正确地走向未来。"① 胡锦涛同志也指出："浩瀚而宝贵的历史知识既是人类总结昨天的记录，又是人类把握今天、创造明天的向导。"②

党的十八大以来，习近平总书记多次强调"历史是最好的教科书"，要总结历史经验、把握历史规律、坚定历史自信。2014年9月，习近平总书记在《在纪念孔子诞辰2565周年国际学术研讨会暨国际儒学联合会第五届会员大会开幕会上的讲话》中明确指出："当代中国是历史中国的延续和发展，当代中国思想文化也是中国传统思想文化的传承和升华，要认识今天的中国、今天的中国人，就要深入了解中国的文化血脉，准确把握滋养中国人的文化土壤。"③ 2016年5月，习近平总书记再次强调："历史

---

① 江泽民：《努力建设高素质的干部队伍》（1996年6月21日），见《论党的建设》，224页，北京，中央文献出版社，2001。
② 胡锦涛：《在中共中央政治局第九次集体学习时的讲话》（2003年11月24日），载《人民日报》，2003-11-26。
③ 习近平：《在纪念孔子诞辰2565周年国际学术研讨会暨国际儒学联合会第五届会员大会开幕会上的讲话》，12页，北京，人民出版社，2014。

和现实都表明，一个抛弃了或者背叛了自己历史文化的民族，不仅不可能发展起来，而且很可能上演一场历史悲剧。"①2022 年 10 月，习近平总书记在党的二十大报告中更是号召全党同志："务必不忘初心、牢记使命，务必谦虚谨慎、艰苦奋斗，务必敢于斗争、善于斗争，坚定历史自信，增强历史主动，谱写新时代中国特色社会主义更加绚丽的华章。"②

历史是昨天的现实，现实就是明天的历史。历史表明，中华民族是人类史上最重视历史的民族，也是人类史上最有资格称得上有历史自觉的民族。我们有世界上最为完整的史书，有世界上最为丰富的纪事，更有世界上最长且连续不断的纪年。规模宏伟的"二十四史"实际上就是中国各民族史家在不断传承前辈史家史艺的基础上赓续中华文明根脉的群体之作，是值得全世界敬仰的"图书长

① 习近平：《习近平谈治国理政》第 2 卷，339 页，北京，外文出版社，2017。
② 习近平：《高举中国特色社会主义伟大旗帜　为全面建设社会主义现代化国家而团结奋斗——在中国共产党第二十次全国代表大会上的报告》，载《人民日报》，2022-10-26。

城"。我们以历史记述之详为荣,以历史记载之严密且自成体系为傲。

历史是人类最好的老师。对于中国人而言,"以史为鉴"是一种强烈的反思意识,更是一种自觉的行为准则。这一意识和准则提炼于人类无数次成功的经验和失败的教训中,包含丰富、深刻的哲理。历史中蕴藏着真相、家国,以及中华大一统下各民族间的交往、交流与交融。历史离我们并不遥远。

从历史的自觉中走出昨天、走进今天并大步走向明天的中华民族,珍惜历史的价值,珍视历史给人的教诲。

历史深刻地昭示我们:

自古以来,中国是多民族国家;秦汉以来,中国是不断发展的统一的多民族国家。中华人民共和国成立以后,宪法明确规定,"中华人民共和国是全国各族人民共同缔造的统一的多民族国家"。中国不是近代形成的西方民族国家,不是西方古代型帝国,也不是西方民族国家型帝国。中国不搞侵略、不搞扩张,更没有殖民地。中国是热爱和平的国家。

历史深刻地昭示我们：

来自中华大地的中华民族，是中国历史上一次又一次民族融合的结果。民族融合不但是中国历史的主流，也是中华民族形成和凝聚的根本。①中华民族多元一体，聚多元于一体之中，是客观的存在，而不是"想象"的结果。中华民族多元一体是先人们留给我们的丰厚遗产，也是我国发展的巨大优势。

历史深刻地昭示我们：

中华民族的形成、发展、壮大，是和中国历史上的政治大一统格局相一致的。民族的发展和民族关系的演进推动了政治格局的变化，而政治统一格局又反过来巩固了民族交融、融合的成果。这种民族交融与政治统一格局的积极互动，是中华民族共同体发展中一个基本规律。②中华

① 参见王延中：《正确认识中华民族历史观》，载《历史研究》，2022（3）。
② 参见瞿林东：《正确认识中华民族的几个问题》，载《中国民族报》，2022-01-11。

民族是中华各民族共同塑造的统一体，是你中有我、我中有你，像石榴籽那样紧紧拥抱在一起的共同体，是休戚与共、荣辱与共、生死与共、命运与共的共同体，而不是简单意义上的族群相加。

历史深刻地昭示我们：

中华文明是在中华各民族共同哺育下成长并发展起来的伟大文明，是各民族优秀文化的集大成。与其他古文明相比，中华文明是世界上唯一没有中断、发展至今的文明。"今天生活在这片土地上的人就是那创造古老文明的先民之后裔。"[①] 伟大的中华文明不但具有文化根系发达、多源汇流、多元交融、开放包容、根深叶茂等特点，而且对世界一直产生着重大影响。是中国发明的印刷术，促使西欧走出了蒙昧的中世纪；是中国发明的火药，打碎了欧洲封建贵族的城堡；是中国发明的指南针，打开了全新的世界市场。改革开放以来，中国对人类的贡献更

---

① 　袁行霈、严文明等主编：《中华文明史》第 1 卷，4 页，北京，北京大学出版社，2006。

是不胜枚举。

历史深刻地昭示我们：

在历史连续发展的过程中，中华各民族共同开拓了我们辽阔的疆域，共同书写了我们悠久的历史，共同创造了我们灿烂的文化，共同培育了我们伟大的精神。近代以后，面对亡国灭种的空前危机，各族人民共同写就了中华民族艰苦卓绝、气壮山河的伟大史诗。在百年抗争中，各族人民血流到了一起、心聚在了一起，共同体意识空前增强，中华民族实现了从自在到自觉的伟大转变。中华人民共和国成立以后，在中国共产党的领导下，中华民族迎来了从站起来、富起来到强起来的伟大飞跃，迎来了实现伟大复兴的光明前景。"中华民族是一个命运共同体，一荣俱荣、一损俱损。各民族只有把自己的命运同中华民族的命运紧紧连接在一起，才有前途，才有希望。"①

① 《铸牢中华民族共同体意识》，载《人民日报》，2019-11-14。

历史是过去的，但也是现实的；历史是变化的，但也有不变的。历史中常常包含着普遍真理，同时也包含着认识世界的钥匙。"只有回看走过的路、比较别人的路、远眺前行的路，弄清楚我们从哪儿来、往哪儿去，很多问题才能看得深、把得准。"① 这就是历史的辩证法，是考镜源流法的现代升华，是指导中华民族行稳致远并走向伟大复兴的重要法宝。

清代大学者龚自珍曾说过这样一句名言："欲知大道，必先为史。"在这里，龚自珍非常清晰地告诉我们，"为史"是"识道"之前提，"为史"是"知道"之基础。"读史识道"，读史让我们更好地找到定力，坚定自信；"读史知道"，读史使我们更加深刻地了解我们伟大的祖国，珍爱我们伟大的时代。确实，我们是幸运的一代。因为我们赶上了全面建成社会主义现代化强国的伟大时代，我们赶上了全面推进中华民族伟大复兴的伟大时代。这是中华民

---

① 习近平：《习近平谈治国理政》第 3 卷，70 页，北京，外文出版社，2020。

族史上从未有过的时代，也是人类历史上从来没有出现过的时代。"团结奋进新时代，同心共圆中国梦"，这是中华民族共同的心愿，也是中华儿女共同奋斗的目标！

余论二
文明兴衰的两大关键因素
——以罗马和两汉为例

罗马帝国与中国两汉是公元前后两个世纪世界上最强大的两个政治实体，在东西方文明史上占有极其重要的地位。它们同在北温带，都经历过文明的强盛期，而在强盛之后，又同样遭遇了北部少数民族的侵袭。结果是中华文明走出了困境，并继续向前发展；罗马的传统文明却因为缺乏文化的创造，在基督教文明面前慢慢地消亡了。文明兴衰的原因固然很多，但两大关键因素特别值得关注。

一、民族的人口数量与结构

罗马帝国是依托地中海的文明，缺少像黄河流域那样的大平原。地中海曾经是"罗马人的海"，但地中海把巴尔干、亚平宁和伊比利亚三大半岛分隔开，使地中海地区的民族失去了多民族多次交融的机会与整体性深度融合的舞台。

罗马的主体民族——以拉丁族为首的罗马公民，人口增长速度极其缓慢。公元前508—前339年，罗马的公民人数始终在10万至16.5万之间徘徊。公元前319—前174年，罗马公民人数基本上保持在25万人左右。公元前169—前85年，罗马公民人数最高达到46万。公元前69年，罗马公民人数达到90万。从众多罗马的资料中我们大致可以断定，奥古斯都时期，以拉丁意大利族为首的

罗马公民与帝国居民之比约为 500 万：5400 万。^① 奥古斯
都以后罗马的拉丁意大利公民人数虽有变化，但与其他民
族人数之比例基本上变化不大。^②

　　中国以黄河流域大平原为舞台。作为中国的主体民
族——汉族，在这个舞台上经过几千年的孕育发展，至汉
代已成为多民族中的凝聚核心。据《汉书·地理志》记
载：平帝元始二年，也即公元 2 年，当时汉朝的户数是
12233062，人口数是 59594978。平均一户约为五口之家。
少数民族人口大约为 700 万，主体民族为近 6000 万。^③ 主
体民族的人口数量与罗马刚好相反。以后，作为主体民族

① 公元 14 年，屋大维进行第三次罗马人口调查。调查的结果是：罗马的公民人
　数为 493.7 万。以一家四口计算，500 万罗马公民乘 4，也就是 2000 万人左
　右。罗马公民及其家庭人数还是大大小于罗马帝国人口的总数。Julius Beloch,
　Die Bevolkerung der Griechich-Romischen Welt, Leipzig: Verlag von Duncker and
　Humblot, 1886, p. 507.
② Tacitus, *Ann*.11, 25. 英国著名史学家吉本认为，公元 1 世纪，罗马公民及其家
　庭人数为 2000 万左右，帝国总人数约为 1.2 亿。参见［英］爱德华·吉本著，
　黄宜思、黄雨石译：《罗马帝国衰亡史》上册，41 页，北京，商务印书馆，
　1997。
③ 参见袁延胜：《中国人口通史 4：东汉卷》，346～391 页，北京，人民出版社，
　2007。

的汉族又靠着自然增长和吸收进入农业地区的非汉人，像
滚雪球那样越滚越大。^①中华文明的强大内化力在黄河流
域的农耕舞台上得到了充分的展示。周边任何一个游牧民
族只要进入中原，走上以黄河流域大平原为中心的大舞台，
落入精耕细作的农业社会里，迟早就会融入汉族之中。^②

　　中国统一多民族国家离不开少数民族，但主体民族所
发挥的先进性作用不容忽视。^③从某种意义上说，主体民
族的强大保证了中国统一多民族国家的不断延续和发展。

　　从罗马和中国汉朝人口数量的比较中我们可以看到：
罗马主体民族的人口数量较少，其他民族的人口数量较
多；中国汉朝主体民族的人口数量特别多，大楼的基石稳
实，而其他民族的人口数量则较少。这种人口结构一直影

①　参见费孝通：《中国文化的重建》，13页，上海，华东师范大学出版社，2014。
　　白寿彝主编：《中国通史·导论》，67页，上海，上海人民出版社，南昌，江
　　西教育出版社，2013。
②　参见费孝通：《中国文化的重建》，28页，上海，华东师范大学出版社，2014。
③　参见白寿彝：《关于中国民族关系史上的几个问题——在中国民族关系史座谈
　　会上的讲话》，载《北京师范大学学报》，1981（6）。

响着未来民族发展的走向。①

二、文化的影响

文化是民族凝聚的重要力量。罗马以立法见长，关注"他律"对自由行为的裁决，尤其到帝国时期民法更为发达；但没有像孔夫子那样的思想家，道德层面建树薄弱，缺乏"自律"的思想体系和理论创造。②

罗马古代学者恩尼乌斯说："古代习俗和人——罗马国家存在的基础（Moribus antiquis res stat Romana virisque.）。"③

---

① 钱穆先生认为，即使在魏晋南北朝时期，不仅南方中国，全以中国汉人为主体，即在北方中国，除少数胡族外，百分之八九十以上的主要户口依然是中国的汉人。参见钱穆：《中国文化史导论》（修订版），11 页，北京，商务印书馆，1994。

② 亚里士多德认为，法律"成了一纸契约，用智者吕科弗朗的话来说，法律是彼此间对公正的承诺；然而这样的法律无力培养出善良而公正的公民"。［古希腊］亚里士多德：《政治学》，1280b10，见苗力田主编：《亚里士多德全集》第 9 卷，91 页，北京，中国人民大学出版社，1994。

③ ［古罗马］恩尼乌斯：《编年纪》，残段 467，见［古罗马］西塞罗著，王焕生译：《论共和国》，301 页，上海，上海人民出版社，2006。

恩尼乌斯把习俗和人提高到了同样重要的地位，提高到了国家赖以存在的基础这样的高度。当然，这里的人主要是指罗马的公民。

习俗为何？希罗多德在《历史》中曾以品达洛司的经典名句来对它进行解释。他认为："习惯乃是万物的主宰。"① 此"习惯"即习俗。习俗是历史中形成的共识，是民族文化的结晶，是民族性格的体现。当然，希罗多德解释这句话的时候，显然是想用它来证明遵循被征服地区习俗的居鲁士、大流士必胜，不尊重埃及习俗的冈比西斯必败。

罗马大文豪西塞罗完全赞同恩尼乌斯的观点，认为恩尼乌斯的"这行诗言简、意真，犹如从某个神示所发出来的预言。要知道，无论是人，如果国家不是具有那样的习俗，无论是习俗，如果他们不是处于管理国家的地位，就都不可能建立或者如此长久地保持一个权力扩展到如此辽

① ［古希腊］希罗多德著，王以铸译：《历史》，212页，北京，商务印书馆，1997。

阔地域的国家"①。

罗马的传统习俗把罗马人锻造成了可与地中海地区强手一决高低的虎狼之师。在罗马武力的支持下，罗马习俗打败了地中海大部分地区的传统文化。但罗马缺圣贤，光靠城邦的习俗根本不能满足规范公民乃至全体帝国民众的需要；罗马缺经典，缺少教人"自律"的经典。罗马元首奥古斯都（公元前63—公元14）虽然已经意识到了文化落后的危险以及文化建设的迫切性，但无论是大诗人维吉尔（公元前70—前19）还是大历史学家李维（公元前59—公元17），都无法找到适合于全体帝国居民的共同价值理念。精神世界的贫困使罗马民众在困难面前无所适从。罗马传统文明最后被另外一种文明即基督教文明所替代也是必然的事。

公元2世纪中叶以后，随着基督教势力的迅速发展，罗马帝国在基督教面前越来越失去吸引力。人们关注的重

---

① ［古罗马］西塞罗著，王焕生译：《论共和国》，301页，上海，上海人民出版社，2006。

点不是如何解决现实问题，而是如何去逃避帝国的现实。

从罗马历史看，基督教文化取代罗马帝国原有的思想体系，基督教经典击败罗马传统的文化，经历了 3 个多世纪。在罗马，没有出现基督教的罗马化，而出现的恰恰是罗马正统信仰被边缘化，并逐渐沦为受人轻视的"异教"。

中国是一个历史悠久的国家，与其他文明国家一样，它也由原始阶段发展而来。唐代学者杜佑说："古之人朴质，中华与夷狄同，有祭立尸焉，有以人殉葬焉，有茹毛饮血焉，有巢居穴处焉，有不封不树焉，有手抟食焉，有同姓婚娶焉，有不讳名焉。中华地中而气正，人性和而才惠，继生圣哲，渐革鄙风。"① 早在先秦时期，中国的圣哲就注重从经验中提炼学说，形成了儒家和法家、道家、墨家、农家、兵家等多个思想流派。"虽然后来儒家思想在中国思想文化领域长期取得了主导地位，但中国思想文化依然是多向多元发展的。这些思想文化体现着中华民族世

---

① （唐）杜佑：《通典》卷四十八《礼八·立尸义》，21页上，清武英殿刻本。

世代代在生产生活中形成和传承的世界观、人生观、价值观、审美观等，其中最核心的内容已经成为中华民族最基本的文化基因。这些最基本的文化基因，是中华民族和中国人民在修齐治平、尊时守位、知常达变、开物成务、建功立业过程中逐渐形成的有别于其他民族的独特标识。"① 它们一直影响着中华文明的发展。

长期以来，中国人在实践过程中建立起了严密的文明传承和发展体系。中华文明有传承的"教科书"，如《诗》《书》《礼》《易》《乐》《春秋》等。《诗》以道志，《书》以道事，《礼》以道行，《乐》以道和，《易》以道阴阳，《春秋》以道名分。② 中华文明有传承的重点和方法。孔子说："殷因于夏礼，所损益，可知也；周因于殷礼，所损益，可知也；其后继周者，虽百世可知也。"③ 在中国人看

---

① 习近平：《在纪念孔子诞辰 2565 周年国际学术研讨会暨国际儒学联合会第五届会员大会开幕会上的讲话》，12 页，北京，人民出版社，2014。
② 《庄子·天下》，见（清）郭庆藩撰：《庄子集释》，1067 页，北京，中华书局，2012。
③ 《论语·为政》，见杨伯峻译注：《论语译注》，21～22 页，北京，中华书局，1982。

来，传承是一种美德，是一种力量。中华文明有传承的对象：在中国，"文武之道，未坠于地，在人。贤者识其大者，不贤者识其小者，莫不有文武之道焉"。中国的文化一直没有被遗弃，而是通过传人、传家等途径，不断向后人传递，当然，更重要的是在中国还有从事传承事业的圣贤、老师，如孔子、孟子、荀子等。《战国策》有云："中国者，聪明睿知之所居也，万物财用之所聚也，贤圣之所教也，仁义之所施也，诗书礼乐之所用也。"中国确实是承师问道之地。

总之，早在先秦时期就建立起来的在沿袭（因循）和变革（损益）中前行的传承发展体系，不仅保证了"百世可知"，而且更使中华文明一次次走过险滩、走出困境，迎来一次次新的更高的发展。

秦统一六国以后，秦始皇实施统一的"书同文"政策，使统一的文字成为各方言区人群、各民族之间交往、交际和交流的共同工具。统一的文字把中华广大地域内的居民更加紧密地凝聚起来，从而进一步增强了中华民族的文化认同与中华文化的内在创造力。而这一点恰恰是罗马没有做到的。

罗马大文豪西塞罗说："哲学是心灵的教化。""心灵的文化"需要有圣哲去提炼、去总结、去传授，需要有国家的支持和民族的自觉。通过比较可以看出，罗马在文化尤其是自律、道德文化的建设方面用勤不足，创建不多。它没有走上道德自觉、价值自觉的道路，所谓精神觉醒也只限于战争、政治治理与法律等具体的领域，还没有走到文化的更高层次与更高境界。

总之，主体民族的人口数量与人口结构对于文明的发展和持续起着特别重要的作用，而文化的黏合与互融又会对人口的数量与人口的结构产生重大影响。历史的事实告诉我们：中华文化是中国统一真正的凝固剂，是中华文明连续性的重要保障。文化是最深层次的力量，文化认同则是一个民族最深层次的认同。

余论三
障扇之谜：是独立创作，还是文明交融之成果

扇子与人类相伴相生，是人类劳动的创造和智慧的结晶。最初，扇子常常被作为降温消热的工具，具有明显的实用功能。进入阶级社会以后，扇子又被赋予了新的内涵，礼仪成分凸显，政治因素日增。扇中藏礼，扇中藏道。扇子逐渐成了等级尊贵的象征、帝王威仪的反映。这里主要依据文献和文物图像的相关资料，利用文献与文物双重证明法，对障扇及其社会礼仪性价值的发展演变做一探析性研究。

一、扇子及其职能的早期演变

中国是世界上最早制作和使用扇子的地区之一。传说女娲时期就已经有了"结草为扇，以障其面"的说法。^①扇子最初为障面避羞、招风纳凉、降温消暑之用，也有遮尘障日之功效。舜时，为"广开视听，求贤人以自辅，故作五明扇也"^②。周初，又出现了一种体形较大且显示社会等级分明的扇子，叫作"翣"。《小尔雅·广服》中有"大扇谓之翣"之说。^③《世本》认为首位"作翣"的是武王。^④就实物资料而言，近年来，出土的有关先秦时代的"翣"较多。其中著名的有甘肃庆阳宁县石家墓葬群出土春秋时期的铜翣以及陕西澄城刘家洼芮国墓地出土的春秋早期的

① （唐）李冗、（唐）张读撰，张永钦、侯志明点校：《独异志 宣室志》，79页，北京，中华书局，1983。
② （晋）崔豹撰，牟华林校笺：《〈古今注〉校笺》，45页，北京，线装书局，2015。
③ 参见杨琳：《小尔雅今注》，198页，上海，汉语大词典出版社，2002。
④ （汉）宋衷注，（清）秦嘉谟等辑：《世本八种》，41页，北京，中华书局，2008。

铜翣（见图1、图2）等。这些铜翣上端的羽毛和底下的
木柄因年代久远，早已腐烂消失。

图1　陕西澄城刘家洼芮国墓地出土的铜翣

（图片出自王春法主编：《周风遗韵——陕西刘家洼考古成果展》，
64页，北京，北京时代华文书局，2020）

　　早期的铜翣大量使用于贵族的葬礼之中，所以，古书
中有"大丧，持翣""后之丧，持翣"的说法。^①从《礼记》
一书中，我们可以看出，不同的社会等级成员在葬礼上所

---

①　（清）孙怡让撰：《周礼正义》，2517、561页，北京，中华书局，1987。

图 2　陕西澄城刘家洼芮国墓地出土的铜翣

（图片出自王春法主编：《周风遗韵——陕西刘家洼考古成果展》，64页，北京，北京时代华文书局，2020）

使用翣的数量是不同的。按礼制规则，天子八翣、诸侯六翣、大夫四翣、士二翣。① 很显然，在周代，翣已经逐渐脱离实用功能，成为一种典型的礼器之扇。

　　至汉代，使用长扇成为当时豪侠的时尚。长扇之名也

① 参见（清）阮元校刻：《十三经注疏·礼记正义》，1584、1432页，北京，中华书局，1980。

逐渐为障扇所替代。晋崔豹《古今注·舆服》载："障扇，
长扇也。汉世多豪侠，象雉尾而制长扇也。"[1] 这说明在汉
代，障扇主要流行于民间，为豪侠所用。但有关这方面的
实物资料，至今还没有发现。

我们现在能够见到的障扇，最早出自东晋顾恺之（公
元 344—405）的画作《洛神赋图》。《洛神赋图》是顾恺
之根据曹操之子曹植（公元 192—232）的作品《洛神赋》
而创作的画卷。《洛神赋》写成于公元 222 年。顾恺之在
百余年后将《洛神赋》的内容作为画作的题材，并把《洛
神赋》的作者曹植和洛神置于画作之中。画中的曹植坐在
榻上，飞行的洛神在他的前方含情脉脉地凝视着他。在曹
植的后面，有三个侍从手里拿着障扇。这说明，至少在曹
魏至东晋时代，障扇已经成为贵族的仪仗。但它还不是皇
室或皇家独有的仪仗之一。庄申先生认为，这应该是南北
朝时期障扇或仪仗扇的前身。[2] 这一结论虽然没有更多的

① （晋）崔豹撰，牟华林校笺：《〈古今注〉校笺》，26 页，北京，线装书局，2015。
② 庄申：《扇子与中国文化》，9 页，台北，东大图书公司，1991。

材料支撑，不过，从障扇发展的纵向历史看，它还是有一定道理的。但若考虑中外文化横向的交往互鉴，则这一结论还需认真考虑。

二、障扇成为"乘舆制度"的组成部分

南北朝以后，障扇所代表的社会地位和政治地位明显提高。障扇逐渐变成了皇室的重要仪仗之一，成为一种政治权力的象征与体现。据杜佑《通典·职官》记载，南北朝时南朝"江夏王义恭为孝武所忌，忧惧，故奏革诸侯厅事，不得南向坐……障扇不得雉尾"①。宋代程大昌还进一步明确："江夏王义恭为宋孝武所忌，奏革诸侯制度，障扇不得用雉尾是也。"② 这就是说，从宋孝武帝刘骏（公元430—464）开始，朝廷已对障扇的使用做出了严格的规定：王侯以下障扇不得用雉尾扇。障扇越来越成为皇室的

---

① （唐）杜佑撰：《通典》卷三十一，862 页，北京，中华书局，1988。
② 周翠英：《〈演繁露〉注》，303 页，北京，中国社会科学出版社，2018。

专用品，成为皇家文化的重要组成部分。

唐玄宗开元年间，宰相萧嵩上奏皇帝："臣以为宸仪肃穆，升降俯仰，众人不合得而见之。乃请备羽扇于殿两厢。上将出，所司承旨索扇，扇合，上座定，乃去扇。给事中奏无事，将退，又索扇如初。"①唐玄宗接受萧嵩之奏议，令为常式。这样就有了《新唐书·仪卫志》中所载的"侍中奏'外办'，皇帝步出西序门，索扇，扇合。皇帝升御座，扇开"等内容。障扇在皇室文化中发挥的作用越来越大。

至宋代，程大昌就直接将障扇与"乘舆制度"联系起来。他这样写道：

今人呼乘舆所用扇为掌扇，殊无义。盖障扇之讹也。……凡扇言障，取遮蔽为义。以扇自障，通上下无害，但用雉尾饰之，即乘舆制度耳。②

① （宋）王溥撰：《唐会要》卷二十四，541 页，上海，上海古籍出版社，2006。
② 周翠英：《〈演繁露〉注》，303～304 页，北京，中国社会科学出版社，2018。

　　上面的文献材料说明，公元5世纪以后，障扇已经不是简单的供人使用的障扇，而成了朝廷"乘舆制度"的重要组成部分。

　　从现在能见到的实物资料看，应该在北魏时期（公元386—534），障扇就已与"乘舆制度"结合在一起了。建于北魏孝文帝太和年间（公元477—499）的巩县石窟寺的北魏三大皇家石窟内，保存着我国浮雕文物的无价之宝——《帝王礼佛图》。在《帝王礼佛图》中立在帝后身后的就有作为仪仗的两把障扇（见图3）。

　　此外，洛阳龙门石窟宾阳中洞前壁雕凿的《北魏孝文帝礼佛图》《文昭皇后礼佛图》（现藏于美国堪萨斯市纳尔逊阿特金斯博物馆）两幅浮雕，分别刻画了北魏孝文帝和文昭皇后（公元469—497）带领侍从列队礼佛的场景。《北魏孝文帝礼佛图》中有紧随孝文帝的两把障扇（见图4）；《文昭皇后礼佛图》中也有立于文昭皇后背后的两把障扇。宾阳中洞开凿于宣武帝（公元483—515）时，是宣武帝为纪念自己的父母孝文帝和文昭皇太后而建的

图 3　巩县石窟寺的《帝王礼佛图》中的障扇

（图片由巩义石窟寺李靖宇所长提供）

图 4 《北魏孝文帝礼佛图》中的障扇，现收藏于
美国纽约市艺术博物馆

［图片出自张萌：《帝后礼佛图拓片考》，载《收藏家》，2022（2）］

（见图 5）。在这里，我们能够再次看到障扇在北魏皇家
文化中的崇高地位。

　　北魏以后，障扇多次出现于绘画作品之中。唐朝画师
阎立本为此做出了重大贡献。阎立本（公元601—673），
唐代雍州万年（今陕西西安市临潼区）人，家学渊源深
厚，父亲阎毗为隋代画师，兄长阎立德也擅长绘画。唐太
宗时，阎立本任刑部侍郎。唐高宗时，他任工部尚书并一

图 5　龙门石窟宾阳中洞前壁浮雕（全图）

［图片出自张萌:《帝后礼佛图拓片考》，载《收藏家》，2022（2）］

度官至右丞相。阎立本自幼随父兄学习书画，尤以画人物肖像见长。阎立本的代表作有《历代帝王图》和《步辇图》。

在阎立本绘画的《历代帝王图》中，陈宣帝陈顼（公元530—582）身后就有两把障扇（见图6）。《步辇图》中唐太宗的背后也有两把用竹篾编织的大障扇（见图7）。

众所周知，《步辇图》描绘的是来长安求亲的吐蕃使臣禄东赞觐见唐太宗时的情景。后人在赏析《步辇图》时，常常把注意力集中于画家的画工和画中的历史场景上，但对唐太宗背后那两把大大的障扇关注得极少。在《步辇图》中，这两把大障扇所占的空间较大，面积远远超过画里的任何一个人，包括唐朝皇帝李世民。画中的两把大障扇呈三角形，顶端交叉，起着聚焦中心的作用。画家通过两把大障扇，很自然地将赏画者的眼光引导到了画作的中心——皇帝李世民的身上。在这幅画中，两把大障扇既是国家礼仪的标志，更是画家画技的精妙展示。

图 6   阎立本《历代帝王图》里陈宣帝身后使用的障扇

（图片出自《阎立本步辇图、历代帝王图》，上海，上海书画出版社，2017）

图 7　阎立本《步辇图》中的障扇

（图片出自《阎立本步辇图、历代帝王图》，上海，上海书画出版社，2017）

　　此后，帝皇及皇室重要成员身后立两把障扇的实物资料更加丰富。其中著名的有唐中宗李显的嫡长子懿德太子墓道壁画《仪仗图》中紧跟懿德太子之后出现的两把障扇（见图 8）。

图 8　懿德太子墓道壁画《仪仗图》中的障扇

（图片出自白寿彝总主编：《中国通史》第 1 卷，插图，上海，上海人民出版社，2013）

　　唐开元年间，宫廷画师张萱奉唐玄宗李隆基旨意为武则天所绘制的画作《唐后行从图》中，武则天背后也有仪仗手手擎两把障扇（见图9）。

图 9　张萱《唐后行从图》

[图片出自包铭新:《扇子史话（一）》，载《东方收藏》，2010（8）]

　　此外，在敦煌莫高窟第194窟保存的《帝王听法图》
（见图10）以及第409窟保存的《回鹘王礼佛图》（见图
11）中，帝王身后也都立有两把障扇。

图10　莫高窟第194窟的《帝王听法图》中的障扇

（图片出自段文杰主编：《段文杰临摹敦煌壁画》，44页，日本国株
式会社见闻社，1994）

　　无论是文献资料还是文物资料都说明，至少在南北朝
以后，帝皇以及皇室主要成员身后的两把障扇已经有了特
别的意义。它们的使用都成了皇家的特权，是皇家身份的
体现和地位高贵的象征。唐开元年间索扇制度改革以后，

图 11　莫高窟第 409 窟保存的《回鹘王礼佛图》中的障扇
（图片出自敦煌文物研究所编：《中国石窟·敦煌莫高窟》第 5 卷，
北京，文物出版社，1987，图版号 135）

障扇更起着营造肃穆气氛、维护皇家威严的独特作用。《宋史·仪卫志》有言："凡朔望朝贺，行册礼，皇帝升御坐，必合扇，坐定去扇，礼毕驾退，又索扇如初。盖谓天子升降俯仰，众人皆得见之，非肃穆之容，故必合扇以鄣焉。"①《新唐书·仪卫志》中亦云："其人君举动必以扇……盖所以为慎重也。故慎重则尊严，尊严则肃恭。夫仪卫，所以尊君而肃臣。"②杜甫《秋兴八首》中所说的"云移雉尾开宫扇，日绕龙鳞识圣颜"就是当时障扇价值的真实反映与体现。"人君举动必有扇"显示的是帝王的威武，传达的是大臣以及民众对帝皇须有的敬畏之心和崇敬之情。而这一皇家"乘舆制度"也一直保存到清朝灭亡。

---

①　（元）脱脱等撰：《宋史》卷一百四十八，910 页，北京，中华书局，1997。
②　（宋）欧阳修等撰：《新唐书》卷二十三，481 页，北京，中华书局，1975。

三、障扇之问：本土创造抑或文明互鉴之成果？

在国王身边高举两把扇子，这种仪仗在遥远的古代埃及也存在，而且时间很早。从实物资料中我们可以看出，早在公元前 3100 年以前，埃及就出现了王制仪仗，无论在"蝎王权标头"上，还是在"纳尔迈权标头"上，都有手持两把扇子的仪仗立在国王的旁边。

"蝎王权标头"（现藏于英国阿什莫林博物馆）于 19 世纪末至 20 世纪初面世，是考古学家在挖掘希拉康波利斯神庙区内的"大宝藏"时发现的文物。"蝎王权标头"重点刻画一个头戴象征王权标识——白冠的大人物。他腰系牛尾，形象高大。在他的面前有一只象征王名符号的蝎子。蝎子王的背后立着两把仪仗扇（见图 12）。据测算，"蝎王权标头"反映的时间略早于公元前 3100 年。①

---

①　参见刘文鹏：《古代埃及史》，87 页，北京，商务印书馆，2000。

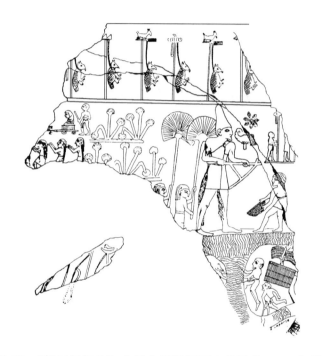

图 12 "蝎王权标头"上戴白冠的蝎王（公元前 3100 年前）
旁边的两把扇子

（图片出自周启迪主编：《世界上古史》第四版，36 页，北京，
北京师范大学出版社，2021）

"纳尔迈权标头"也发现于希拉康波利斯神庙区内的
"大宝藏"。"纳尔迈权标头"上有戴着红冠的纳尔迈王，
在他的下面则有两位侍从手持两把扇子（见图 13）。"纳

尔迈权标头"的年代大约为公元前 3100 年。^①

图 13　"纳尔迈权标头"上戴红冠的纳尔迈王（约公元前 3100 年）底下的两把扇子

（图片出自周启迪主编：《世界上古史》第四版，38 页，北京，北京师范大学出版社，2021）

　　在古埃及新王国十八王朝法老图坦卡蒙（公元前 1341—前 1323，在位时间约公元前 1332—前 1323）的棺椁四周的绘画中，我们也能看到紧跟国王的两把扇子（见图 14、图 15）。

---

① 《世界上古史纲》编写组：《世界上古史纲》，263 页，北京，人民出版社，1979。

图 14   古埃及新王国十八王朝法老图坦卡蒙棺椁图中的两把扇子
（图片出自 Carlo Ludovico Ragghianti, *Great Museums of the World,
Egyptian Museum Cairo*, New York: Newsweek, Inc.& Arnoldo Mondadori
Editore, 1972, p.123）

图 15　古埃及新王国十八王朝法老图坦卡蒙棺椁图中的两把扇子
（图片出自 Carlo Ludovico Ragghianti, *Great Museums of the World,
Egyptian Museum Cairo*, New York: Newsweek, Inc.& Arnoldo Mondadori
Editore, 1972, p.122 ）

　　此外，在古代埃及新王国十八王朝哈特谢普苏特（在
位时间约公元前 1473—前 1458）的祭庙里也有礼仪扇；在新
王国十九王朝塞提一世（在位时间约公元前 1290—前 1279）
的祭庙里同样有礼仪扇；在新王国二十王朝拉美西斯三世

（在位时间公元前 1186—前 1155）的神庙里，有更多处出现了立在国王拉美西斯三世背后的扇子仪仗（见图 16）。

图 16　新王国二十王朝拉美西斯三世背后的扇子

（图片由我国埃及学专家颜海英教授提供）

从现有的材料看，古代埃及的君王礼仪扇没有在西方世界传播。无论是巴尔干地区还是罗马地区，都没有出现埃及扇子的痕迹。罗马的最高官员执政官或元首身旁有对称的持"束棒"的侍从，但没有立两把扇子的礼仪。

古代埃及立两把扇子于君主旁边作为礼仪扇与中国古代的障扇有明显的相似之处：（1）都是朝廷政治权力的一种体现，以展示君主之威严，显示君主出身的高贵和与众不同；（2）是一种重要的文化现象，具有长期性和连续性。在古代埃及，从戴白冠的蝎王开始，经过戴红冠的纳尔迈王，到女王哈特谢普苏特，再到图坦卡蒙，再到拉美西斯三世等，礼仪扇连续承继了两千余年，是古代埃及文明传承的重要标志。古代中国的情况也一样。帝皇旁边的障扇，从南北朝开始，经过隋唐，至宋辽金西夏元明清，连续传承时间也达千余年。

古代埃及的君王礼仪扇与中国的障扇也有不同的地方，主要体现在从时间上看，古代埃及国王的扇子仪仗显然比中国早，而且早得多。这就给我们留下了一个问题：中国的皇家障扇仪仗是本地产生的，还是从外国引进或者受外国的影响而产生的呢？是中外文明互鉴的成果吗？

在这里，笔者没有提供大家所希望的答案，不是不想提供，而是现阶段还没有足够的证据和能力提供。现在，我将这一问题先提出来，把答案留给相关学者。希望不久的将来，有学者能够找到更多令人信服的资料，并利用相关学科的知识来解开这一极具挑战性的"障扇之谜"。就历史学而言，探索是魅力，求真是根本。追求超越"一家之言"之上的"独家之言"，更是史学家梦寐以求的目标。但目标的实现并不是一蹴而就的，需要有意义的问题、丰富的证据以及合理的结论，需要有探究过程的严密论证。就成果的评价和性质而言，彻底地解开谜团固然重要，但发现或解决在探究过程中所遇到的任何一个难题也是很有价值的。障扇虽小，但内涵很丰富，非常值得大家去发掘、去解释。

参考文献

一、经典著作

1.《马克思恩格斯选集》（全四卷），北京：人民出版社，
  1995 年。

2.《列宁选集》（全四卷），北京：人民出版社，1995 年。

二、外文译作

1. ［德］奥斯瓦尔德·斯宾格勒：《西方的没落》，齐世荣
  等译，北京：商务印书馆，1991 年。

2. ［德］黑格尔：《历史哲学》，王造时译，上海：上海书
  店出版社，1999 年。

3. ［德］黑格尔：《哲学史讲演录》（全四册），贺麟、王
  太庆译，北京：商务印书馆，1959—1978 年。

4.〔德〕文德尔班:《哲学史教程》(全两册),罗达仁译,北京:商务印书馆,1987—1993 年。

5.〔法〕费尔南·布罗代尔:《文明史——人类五千年文明的传承与交流》,常绍民等译,北京:中信出版社,2017 年。

6.〔法〕伏尔泰:《风俗论》(全三册),梁守锵等译,北京:商务印书馆,1994—1997 年。

7.〔法〕库朗热:《古代城邦——古希腊罗马祭祀、权利和政制研究》,谭力铸等译,上海:华东师范大学出版社,2006 年。

8.〔法〕基佐:《法国文明史》(全四册),沅芷、伊信译,北京:商务印书馆,1993—1998 年。

9.〔法〕基佐:《欧洲文明史》,程洪逵、沅芷译,北京:商务印书馆,2005 年。

10.〔法〕卢梭:《忏悔录》(全两册),黎星、范希衡译,北京:商务印书馆,1986 年。

11.〔法〕卢梭:《社会契约论》,何兆武译,北京:商务印书馆，1980 年。

12. ［法］卢梭：《论人类不平等的起源和基础》，李常山译，北京：商务印书馆，1962 年。

13. ［法］孟德斯鸠：《论法的精神》，张雁深译，北京：商务印书馆，1961—1963 年。

14. ［法］孟德斯鸠：《罗马盛衰原因论》，婉玲译，北京：商务印书馆，1962 年。

15. ［法］米涅：《法国革命史》，北京编译社译，郑福熙校，北京：商务印书馆，2009 年。

16. ［法］让·博丹：《易于认识历史的方法》，朱琦译，上海，华东师范大学出版社，2020 年。

17. ［古罗马］阿庇安：《罗马史》，谢德风译，北京：商务印书馆，1979 年。

18. ［古罗马］奥古斯丁：《忏悔录》，周士良译，北京：商务印书馆，1963 年。

19. ［古罗马］凯撒：《高卢战记》，任炳湘译，北京：商务印书馆，1979 年。

20. ［古罗马］M. P. 加图：《农业志》，马香雪、王阁森译，北京：商务印书馆，1986 年。

21. ［古罗马］M. T. 瓦罗：《论农业》，王家绥译，北京：商务印书馆，1981 年。

22. ［古罗马］撒路斯提乌斯：《喀提林阴谋　朱古达战争》，王以铸、崔妙因译，北京：商务印书馆，1995年。

23. ［古罗马］苏维托尼乌斯：《罗马十二帝王传》，张竹明、王乃新、蒋平等译，北京：商务印书馆，1995 年。

24. ［古罗马］塔西佗：《阿古利可拉传　日耳曼尼亚志》，马雍、傅正元译，北京：商务印书馆，1959 年。

25. ［古罗马］塔西佗：《编年史》，王以铸、崔妙因译，北京：商务印书馆，1981 年。

26. ［古罗马］塔西佗：《历史》，王以铸、崔妙因译，北京：商务印书馆，1981 年。

27. ［古罗马］西塞罗：《国家篇　法律篇》，沈叔平、苏力译，北京：商务印书馆，1999 年。

28. ［古希腊］阿里安：《亚历山大远征记》，李活译，北京：商务印书馆，1979 年。

29. ［古希腊］亚里士多德：《诗学》，陈中梅译注，北京：商务印书馆，1996 年。

30. ［古希腊］亚里士多德：《雅典政制》，日知、力野译，北京：商务印书馆，1959 年。

31. ［古希腊］亚里士多德：《政治学》，吴寿彭译，北京：商务印书馆，1965 年。

32. ［罗马］查士丁尼：《法学总论——法学阶梯》，张企泰译，北京：商务印书馆，1989 年。

33. ［美］本尼迪克特·安德森：《想象的共同体》，吴叡人译，上海：上海人民出版社，2016 年。

34. ［美］汉密尔顿、杰伊、麦迪逊：《联邦党人文集》，程逢如、在汉、舒逊译，北京：商务印书馆，1980 年。

35. ［美］J. W. 汤普森：《历史著作史》（上卷全两册），谢德风译，李活校，北京：商务印书馆，1988 年。

36. ［美］卡特：《中国印刷术的发明和它的西传》，吴泽炎译，北京：商务印书馆，1957 年。

37. ［美］路易斯·亨利·摩尔根:《古代社会》，杨东莼、马雍、马巨译，北京:商务印书馆，1977 年。

38. ［美］M. 罗斯托夫采夫:《罗马帝国社会经济史》，马雍、厉以宁译，北京:商务印书馆，1985 年。

39. ［美］塞缪尔·亨廷顿:《文明的冲突与世界秩序的重建》，周琪等译，北京:新华出版社，2002 年。

40. ［美］汤普逊:《中世纪经济社会史》(全两册)，耿淡如译，北京:商务印书馆，1961—1963 年。

41. ［美］威廉·麦克尼尔:《西方的兴起:人类共同体史》，孙岳、陈志坚、于展等译，郭方、李永斌译校，北京:中信出版社，2015年。

42. ［美］约瑟夫·熊彼特:《经济分析史》(全三册)，朱泱等译，北京:商务印书馆，1991—1995 年。

43. ［美］詹姆斯·哈威·鲁滨孙:《新史学》，齐思和等译，北京:商务印书馆，1964年。

44. ［美］詹姆斯·W.汤普逊:《中世纪晚期欧洲经济社会史》，徐家玲等译，北京:商务印书馆，1992 年。

45. ［日］福泽谕吉：《文明论概略》，北京编译社译，北京：商务印书馆，1959 年。

46. ［瑞士］雅各布·布克哈特：《意大利文艺复兴时期的文化》，何新译，马香雪校，北京：商务印书馆，1979 年。

47. ［苏］波德纳尔斯基编：《古代的地理学》，梁昭锡译，北京：商务印书馆，1986 年。

48. ［意］贝奈戴托·克罗齐：《历史学的理论和实际》，傅仁敢译，北京：商务印书馆，1982 年。

49. ［意］但丁：《论世界帝国》，朱虹译，北京：商务印书馆，1985 年。

50. ［意］尼科洛·马基雅维里：《佛罗伦萨史》，李活译，北京：商务印书馆，1982 年。

51. ［意］尼利洛·马基雅维里：《君主论》，潘汉典译，北京：商务印书馆，1985 年。

52. ［意］维柯：《新科学》（全两册），朱光潜译，北京：商务印书馆，1989 年。

53. ［英］阿诺德·汤因比：《历史研究》，曹未风译，上海：上海人民出版社，1962年。

54. ［英］阿诺德·汤因比：《历史研究》（修订插图本），刘北成、郭小凌译，上海：上海人民出版社，2000年。

55. ［英］阿诺德·汤因比：《人类与大地母亲》，徐波等译，上海：上海人民出版社，2016年。

56. ［英］阿诺德·汤因比：《希腊精神——一部文明史》，乔戈译，北京：商务印书馆，2015年。

57. ［英］A. J. 汤因比、［日］池田大作：《展望21世纪——汤因比与池田大作对话录》，荀春生、朱继征、陈国梁译，北京：国际文化出版公司，1985年。

58. ［美］爱德华·吉本：《罗马帝国衰亡史》，黄宜思、黄雨石译，北京：商务印书馆，1997年。

59. ［美］保罗·肯尼迪：《大国的兴衰》，蒋葆英等译，北京：中国经济出版社，1989年。

60. ［英］丹皮尔：《科学史——及其与哲学和宗教的关系》（全两册），李珩译，张今校，北京：商务印书馆，1975年。

61. ［英］柯林武德：《历史的观念》，何兆武、张文杰译，北京：商务印书馆，1997 年。

62. ［英］李约瑟：《文明的滴定——东西方的科学与社会》，张卜天译，北京，商务印书馆，2016 年。

63. ［英］罗素：《罗素论中西文化》，杨发庭等译，北京：北京出版社，2010 年。

64. ［英］罗素：《人类的知识——其范围与限度》，张金言译，北京：商务印书馆，1983 年。

65. ［英］罗素：《西方哲学史》（全两卷），何兆武、李约瑟、马元德译，北京：商务印书馆，1963—1976 年。

66. ［英］梅因：《古代法》，沈景一译，北京：商务印书馆，1959 年。

67. ［英］乔治·皮博迪·古奇：《十九世纪历史学与历史学家》（全两册），耿淡如译，卢继祖、高健校，谭英华校注，北京：商务印书馆，1989 年。

68. ［英］托马斯·马丁·林塞：《宗教改革史》（全两册），孔祥民等译，北京：商务印书馆，2016 年。

69. ［英］休谟：《休谟经济论文选》，陈玮译，北京：商务印书馆，1984年。

70. ［英］约翰·霍布森：《西方文明的东方起源》，孙建党
译，于向东、王琛校，济南：山东画报出版社，2009年。

三、中文著作

1. 白寿彝总主编：《中国通史》，上海：上海人民出版社，
2004年。

2. 费孝通：《中国文化的重建》，上海：华东师范大学出版
社，2014年。

3. 梁启超：《中国历史研究法　中国历史研究法补编》，北
京：中华书局，2014年。

4. 马克垚主编：《世界文明史》（全三册），北京：北京大
学出版社，2004年。

5. 杨共乐主编：《"一带一路"古文明书系》（六卷七册），
北京：北京师范大学出版社，2019年。

6. 袁行霈主编：《中华文明史》（全四册），北京：北京大
学出版社，2006年。

四、外文著作

1. Bozeman, A.B., *Politics and Culture in International History: From the Ancient Near East to the Opening of the Modern Age*, New Brunswick, NJ: Transaction Publishers, 1994.

2. Braudel, F., *A History of Civilizations*, New York: Allen Lane-Penguin Press, 1994.

3. Bagby, P., *Culture and History: Prolegomena to the Comparative Study of Civilizations*, London: Longmans Green, 1958.

4. Coulborn, R., *The Origin of Civilized Societies*, Princeton: Princeton University Press, 1959.

5. Harrison, L.E.and Huntington, S. P., *Culture Matters: How Values Shape Human Progress*, New York: Basic Books, 2001.

6. Kroeber, A.L., *Configurations of Culture Growth*, Berkeley: University of California Press, 1944.

7. Kroeber, A. L., *Style and Civilization*, Westport, CT: Greenwood Press, 1973.

8. Mazlish, Bruce, *Civilization and Its Contents*, California: Stanford University Press, 2004.

9. McNeil, W. H., *The Rise of the West: A History of the Human Community*, Chicago: University of Chicago Press, 1963.

10. Spengler, O., *Decline of the West*, New York: A.A.Knopf, 1926-1928.

11. Sorokin, P.A., *Social and Cultural Dynamics*, New York: American Book Co., 4 vols., 1937-1985.

12. Toynbee, A.J., *A Study of History*, London: Oxford University Press, 12 vols., 1934-1961.

13. Thompson, M., *Culture Matters: Essays in Honor of Aaron Wildavsky*, Taylor & Francis Inc., 1997.

14. Weber, M., *The Sociology of Religion*, Boston: Beacon Press, trans. Ephraim Fischoff, 1968.

后　记

当今世界正经历着一场百年未有之大变革，大国间的战略博弈全面升级，国际秩序面临全新的挑战，人类文明再次站到了十字路口。为了更好地走自己的路，我们有必要从世界文明发展的角度来研究自己的历史，研究自己的文明史。"只有回看走过的路、比较别人的路、远眺前行的路，弄清楚我们从哪儿来、往哪儿去，很多问题才能看得深、把得准。"①

从文明的演进规律来看，最开始各个文明之间都是独立发展的，相互之间没有实质性的联系。后来，随着生产

---

① 习近平：《习近平谈治国理政》第 3 卷，70 页，北京，外文出版社，2020。

力的提高，各文明区之间有了更为紧密的联系。工业革命以后，西方的文明开始冲击其他文明，呈现出一家独大的局面。而殖民地和半殖民地人民为争取民族独立，也不断进行斗争。1945 年以后，美苏开始争霸，"冷战"出现，时间跨越 40 余年，直到 1991 年苏联解体。美苏争霸结束以后，世界的未来在哪儿？ 1993 年夏天，美国著名学者亨廷顿在美国《外交》杂志上发表了《文明的冲突？》一文。1996 年，他又出版了《文明的冲突与世界秩序的重建》，断言"冷战"结束以后，世界格局的决定因素不是意识形态，而是"文明的冲突"。这些文明主要包括中华文明、日本文明、印度文明、伊斯兰文明、西方文明、东正教文明、拉美文明，还有可能存在的非洲文明等。它们有不同的价值体系与不同的文化区域。这些区域包括：西方基督教区域、东正教区域、伊斯兰教区域以及儒教文明、日本文明、印度教文明、佛教文明、非洲文明和拉丁文明等区域。亨廷顿认为，未来政治或军事冲突将主要发生在这些文明的分界线地区。

亨廷顿的"文明冲突论"一经提出就引起国际学术界和政治界的普遍关注与争论。

中国政府提出"文明的对话",坚持"和羹之美,在于合异"。世界各地区的文明各有所长,各具特色,只要秉持包容精神,通过相互交流互鉴,取长补短,就能让文明成为增进各国人民友谊的桥梁、维护世界和平的纽带,不存在什么"文明的冲突"。

2017 年年初,在瑞士日内瓦的"共商共筑人类命运共同体"高级别会议上,习近平主席发表题为《共同构建人类命运共同体》的主旨演讲。习主席指出,"让和平的薪火代代相传,让发展的动力源源不断,让文明的光芒熠熠生辉,是各国人民的期待,也是我们这一代政治家应有的担当"。习主席强调,"文明差异不应该成为世界冲突的根源,而应该成为人类文明进步的动力"。① 构建人类命运共同体,是中国领导人基于对历史和现实的深入思考给出

---

① 习近平:《共同构建人类命运共同体——在联合国日内瓦总部的演讲》,载《人民日报》,2017-01-20。

的"中国方案"，必将对人类产生重大的影响。

唐代诗人杜甫曾于公元767年重阳节写下一首名诗，题目叫《登高》，其中有两句诗可谓佳作中的绝品：一句是"无边落木萧萧下"，另一句是"不尽长江滚滚来"。这两句诗按照传统的解读，反映的是杜甫晚年无奈的心情。我今天把它用于对世界原生文明的评述上，或许另有一番意境。在世界上众多的原生文明中，除了中华文明如滚滚不绝的长江连续不中断以外，其他的文明皆如无边的落木纷纷退场，不是中断就是消失了。文明的连续不中断就是中华民族的重大成就，就是中华民族伟大复兴的最强底气。

早在100年前，英国哲学家罗素曾这样评述过中国，他认为："与把中国视为政治实体相比，中国更像是一个文化实体——唯一从古代流传至今的文明。自从孔子时代以来，古埃及、古巴比伦、马其顿王国和古罗马帝国都相继消亡，但是中国通过不断地演化和发展，使其文明得以延续。虽然中国文明一直受到外来文化的影响——首先是佛教，现在是西方科学知识，但是佛教并没有把中国人变成印度人，西方科学也没有使中国人变成欧洲人。在中国，我曾经遇到一些中国人，他们犹如我们西方的教授一样熟知西方科学文化知识，然而，他们并没有因此而失去平衡，也没有脱离自己的人民。他们认为对于西方的一些不好的东西——野蛮、浮躁、欺压弱小和追求纯粹物质利益的目标等——应该坚决抵制；而对于西方文化中的优秀部分，尤其是科学知识，则应该学习借鉴。"①100 年以后，当我们来重新审视罗素评述的内容，确实会产生一种敬畏和敬佩之情，敬畏的是中华的文明，敬佩的是罗素的远见与卓识。

按照历史学的研究方法，一般是立足文献、立足史料来说明事实，现在的历史学院或历史学系基本上都是通过这种方法来训练学生学习专业知识的。但是历史学还有另外一种非常值得关注的方法，这就是以时代为依据来思考

---

① ［英］罗素著，杨发庭等译：《罗素论中西文化》，104 页，北京，北京出版社，2010。

问题。无论是修昔底德还是司马迁，都很好地使用了这种方法。时代本身就是学者研究的对象，同时它也是另外一种文字的表达形式，具有鲜活的史料价值。只是因为科学化史学引进学校以后，我们把以时代为依据的这种方法遗忘不用了。这显然是史学界的一大憾事。这部著作希望在恢复这种传统史学方法方面做些探索。本书具有高度浓缩的特点，以阐述线索的形式展开，所求的是另一种"真"。当然，如何把这种"真"准确地拿捏好，这还需付出艰苦的努力。但可以肯定的是，在历史学的研究上，宏观之真和微观之真处于同样重要的地位。

在撰写本书的过程中，笔者得到了北京师范大学出版集团饶涛副总编辑和宋旭景副编审的大力支持，特致谢忱！

杨共乐

北京师范大学史学理论与史学史研究中心

铸牢中华民族共同体意识研究培育基地

2022 年 8 月 8 日

图书在版编目(CIP)数据

不尽的江河不断流：比较视野下的中华文明 / 杨共乐著. —北京：
北京师范大学出版社，2023.5
（铸牢中华民族共同体意识研究丛书）
ISBN 978-7-303-28753-6

Ⅰ.①不… Ⅱ.①杨… Ⅲ.①中华文化－研究
Ⅳ.①K203

中国国家版本馆 CIP 数据核字(2023)第 016007 号

营 销 中 心 电 话　010-58808006
北京师范大学出版社
新 史 学 策 划 部

BUJIN DE JIANGHE BUDUANLIU
出版发行：北京师范大学出版社　www.bnup.com
　　　　　北京市西城区新街口外大街 12-3 号
　　　　　邮政编码：100088
印　　刷：北京盛通印刷股份有限公司
经　　销：全国新华书店
开　　本：890 mm×1240 mm　1/32
印　　张：6.125
字　　数：90 千字
版　　次：2023 年 5 月第 1 版
印　　次：2023 年 5 月第 1 次印刷
定　　价：45.00 元

策划编辑：宋旭景　　　　　责任编辑：王艳平
美术编辑：王齐云　　　　　装帧设计：王齐云
责任校对：段立超　　　　　责任印制：陈　涛　赵　龙